北语对外汉语精版教材

# 速成汉语基础教程
# Chinese Crash Course (Third Edition)

主　编：杨惠元
副主编：韩　梅　游锋华　李德钧

## Integrated Textbook
## 综合课本（第3版）

# 4

北京语言大学出版社
BEIJING LANGUAGE AND CULTURE UNIVERSITY PRESS

图书在版编目（CIP）数据

速成汉语基础教程：综合课本. 4 / 杨惠元主编
. —3版. —北京：北京语言大学出版社, 2021.9
北语对外汉语精版教材
ISBN 978-7-5619-5900-8

Ⅰ. ①速… Ⅱ. ①杨… Ⅲ. ①汉语—对外汉语教学—
教材 Ⅳ. ①H195.4

中国版本图书馆CIP数据核字（2021）第132190号

速成汉语基础教程·综合课本 4（第 3 版）
SUCHENG HANYU JICHU JIAOCHENG · ZONGHE KEBEN 4 (DI 3 BAN)

排版制作：华伦图文制作中心
责任印制：周 燚

出版发行：北京语言大学出版社
社　　址：北京市海淀区学院路 15 号，100083
网　　址：www.blcup.com
电子信箱：service@blcup.com
电　　话：编辑部　8610-82303395
　　　　　发行部　8610-82303650/3591/3648
　　　　　北语书店　8610-82303653
　　　　　网购咨询　8610-82303908
印　　刷：北京印迪数码科技有限公司

版　　次：1996 年 1 月第 1 版　2007 年 9 月第 2 版　2021 年 9 月第 3 版
印　　次：2021 年 9 月第 1 次印刷
开　　本：787 毫米 × 1092 毫米　1/16　　印　　张：10.75
字　　数：149 千字
定　　价：54.00 元

PRINTED IN CHINA

# 第3版前言

《速成汉语基础教程·综合课本》（第3版）是《速成汉语初级教程·综合课本》（北京语言文化大学出版社，1996）和《速成汉语基础教程·综合课本》（北京大学出版社，2007）的修订版。在修订过程中，我们努力保持原教材的优势和特色：

1. 全套8册共出词语3600多个，基本涵盖了外国留学生在中国学习、生活的常用词汇。因此，学习本教程的学生可提高使用汉语进行实际交际的能力。

2. 课文内容实用有趣，学生爱学、易学。原版教材筛选和安排了贴近学生生活的、学了就能用的话题，这样的内容学生喜欢学、愿意学。大部分课文语言风趣幽默，能够引起学生的学习兴趣，激发他们的学习积极性。

3. 语法点的讲解基本采用归纳法。由于课文编写不受语法点的绝对限制，允许冒出新的语法点，所以编写的课文语言自然、流畅。多年的教学经验证明，我们对成人的汉语教学，应先使他们对语言现象有真切的感性认识，然后到一定阶段再进行归纳总结，帮助他们上升到理性认识，这样做符合第二语言教学的规律。

4. 第3版的练习保持了前两版"语音 → 词语 → 句型 → 功能 → 成段表达 → 篇章结构 → 阅读理解"一条龙的练习模式。练习大多紧紧围绕当课的生词、课文和语法点，针对当课的重点和难点，为教师组织课堂教学以及对学生进行语言技能乃至语言交际技能的训练服务。

在广泛征求教材使用者意见的基础上，我们进行了修订，使教材进一步完善。我们替换了内容过时的课文，删去了不常用的生词，增加了使用频率高的新词。为方便教学，我们增加了一些练习，把原有的练习调整为课堂练习和家庭作业两个部分，这样课上课下既分工又合作。我们以课堂练习为主，家庭作业为辅。家庭作业既可以是课堂教学的弹性内容，也可以作为第二天课上复习、检查的内容。

修订这套教材，我们总的指导思想是：以语音、词汇、语法、汉字等语言要素的教学为基础，通过课堂教学，帮助学生把语言要素转化为语言技能，进而转化为语言交际技能。为此，我们提出以下教学建议：

1. 语音是学生语言能力的门面，也是对外汉语教学的难点之一，所以我们保留了语音集中教学的前10课，在其他各课中仍然进行分散的语音训练，希望教师根据学生的发音问题，有选择、有重点、有针对性地进行语音训练。特别是声调的练习，我们特意将“定调音节”的练习延伸到第四册。因为汉语词大部分是双音节词，掌握了双音节的声调，就等于掌握了大部分汉语词的声调。双音节声调搭配总共只有20个，我们选了20个双音节作为定调标准。掌握了这20个双音节的声调，以后学生出现声调错误时，用定调音节提示一下，他们便可自行改正。练习中的“朗读定调音节”在第一册前9课是朗读拼音，第一册第十课以后过渡为朗读汉字。

2. 第一册的重点虽然是语音训练，但教师在突出听说训练的同时，也要重视汉字的认读和书写练习，帮助学生打好汉字基础。第一、二册都附有“汉字表”，为了简明，我们删去了“繁体”一栏（如有必要，另出版繁体字版），保留了笔画笔顺和构成合体字的拆分部件两个部分。

3. 第二册到第八册的重点是词语教学，教师要帮助学生全面掌握好词语的“音、形、义、用”。每课生词表里的生词包括课文中的生词和练习中的生词。按照北语的教学模式，教师应该要求学生课前预习好生词，基本掌握词语的“音”和“义”。课堂练习的重点是词语的“音、义、用”，特别是词语的搭配和活用。词语的“形”可让学生通过家庭作业掌握。

4. 离合词是汉语特有的语言现象，且大多是动词。在前两版中，有的作为词组处理，不标注词性，汉语拼音分写；有的作为词处理，标注动词，汉语拼音连写。本次修订统一作为词，标注词性，汉语拼音连写。因为特殊，学生难于掌握，常常用错，所以在教学中教师要重视离合词的讲练。

5. 本教程是为外国留学生编写的，生词表中有个别生词的拼音标的是变调

（包括轻声），而没有采用《现代汉语词典》（第7版）标注的本调。这样，他们学习和使用起来比较贴近生活。离合词的拼音连写也是基于这一理念。

6. 汉语普通话是以北京语音为标准音，以北方话为基础方言的。我们本着这一原则处理儿化音，根据北京语音在需要儿化的词语后都加了“儿”，以方便学生学习地道的汉语普通话。

7. 语法讲解从结构入手，不追求系统性，力求简单明白，重视语义和语用功能的说明。教师可通过图片、动作、影像等各种直观手段展示语法点，再进行机械练习，最后落实到活用上，使学生置身于语言交际情境中，而不是语法术语和概念中。

8. 课文以话题为中心，为学生提供交际的模式。第一册到第四册的重点是关于学习、生活方面的交际，从第五册开始逐渐向社会交际过渡，增加介绍中国国情、中国人的观念习俗等文化方面的内容。教师要尽量引导学生以课文为范本，说他们自己想说而不会说的话，以此训练学生的汉语思维能力，开发他们的语言潜能，提高交际能力。

9. 本教程逢五逢十的课设计了“功能会话”练习，意在突出“结构与功能相结合”的原则。“功能会话”板块与当课关系不是很紧密，但有一定的概括性。

10. 教师可采用任务教学法，给学生布置各种交际任务，多组织课堂活动，要求学生使用语言完成交际任务，在交际中学习语言，强化他们学习语言的成就感，激发他们的学习积极性。

编　者

2021年3月

# Preface for the Third Edition

*Chinese Crash Course: Integrated Textbook (Third Edition)* is the revised version of the first edition (*Short Term Intensive Elementary Chinese*, 1996, Beijing Language and Culture University Press) and the second edition (*Speed-up Chinese: Integrated Textbook*, 2007, Peking University Press). It is with the following advantages and features reserved:

1. With a vocabulary over 3,600, the textbooks cover the useful and common vocabulary for foreign students to study and live in China. After learning this course, students are expected to improve their language proficiency in Chinese communication.

2. The materials we used are student-centered, practical and interesting. The unrevised version provided students with materials from daily life, which can be put into practice immediately after class. The language of texts has a fine sense of humor, in which we believe students would be highly motivated in their language acquisition.

3. We apply inductive method to elaborate the grammar points. We have briefly dealt with the most frequently used grammatical rules and explained them in as non-technical a way as possible. New grammar points are not strictly confined to certain text since long-year teaching experience shows that for adult-learners, a general impression for the language will help them form a stronger foundation for their language learning.

4. The training mode of "pronunciation→words and phrases→sentence patterns→function→expressions in paragraph→discourse structure→reading comprehension" keeps unchanged in the third edition. The exercises are closely related to the text. The key grammar points are highlighted in the exercises. It is designed

to assist teachers to organize in-class activities and consolidate the students' in-class acquisition.

We revised the textbooks based on the suggestions of textbook users. Outdated texts were changed, uncommonly used words were deleted, and new frequently used words were added. For the teachers' convenience, we replenished some exercises, and divided the original exercises into in-class exercises and homework. Thus, in-class exercises and homework have cooperation and division, mainly in-class exercises and homework as a supplement. Homework can be used as the flexible content for class teaching, some can be used for reviewing and examining on the second day.

Our guideline for this revision is to integrate phonetics, vocabulary, grammar and Chinese characters into the textbook and by the designed in-class activities, learners are able to transfer what is in the text into daily use and hence they can improve their language skills. To achieve this goal, we propose the following suggestions for teachers:

1. Pronunciation is a key and difficulty for language learners. Accordingly, we reserve the first ten lessons with the focus on pronunciation drills. Pronunciation drills are also distributed in each lesson. We hope that pronunciation drills can be varied according to students' pronunciation problems. Especially tones' practice, we intentionally extended the exercise of "Read aloud the syllables and pay attention to the tones" to the fourth volume. Most of Chinese words are disyllabic, mastering the tones of disyllabic words equates to mastering the tones of most of Chinese words. There are only 20 disyllabic tonal collocations, we selected the 20 syllables as the tone standard. When students make tonal mistakes, the tones of the 20 syllables can be used as a reference for them to correct. "Read aloud the syllables and pay attention to the tones" in lesson 1 to lesson 9 of the first volume is to read aloud the Pinyin, and from lesson 10 of the first volume on, this exercise is gradually transiting to read aloud Chinese characters.

2. Though the first volume focuses on pronunciation drills, Chinese characters

should also be involved in class. Teachers should help the students lay a good foundation of Chinese characters. "Table of Chinese characters' order of strokes" are attached in the first and second volumes. We deleted the column of "traditional Chinese characters" (traditional Chinese characters version can also be published if necessary), and reserved the columns of strokes, order of strokes and components of composite Chinese characters.

3. From the second volume to the eighth volume, the emphasis is on vocabulary. The glossary in each lesson includes new words in the text and exercises. According to "Beiyu mode", students are required to preview the new words before class, and have a basic command of "pronunciation" and "meaning" of the new words. The key of in-class practice is "pronunciation, meaning, use" of the words, especially the collocation and variation of the words. "Form" of the words can be practiced through homework.

4. Segregatory words are special language phenomena in Chinese, most of them are verbs. They are regarded as phrases in the first and second editions, and separately writing of Chinese Pinyin; some of them are regarded as words, parts of speech tagging as verbs, and continuously writing of Chinese Pinyin. In this version, segregatory words are regarded as words, parts of speech tagging as verbs, and continuously writing of Chinese Pinyin. Because its difficulty, teachers should pay attention to the practice of segregatory words for avoiding students' mistakes.

5. The course is compiled for foreign students, so some Pinyin of the new words are marked modified tones (including neutral tone), not the original tone in *Modern Chinese Dictionary (7th Edition)*. Thus, the students can smoothly learn and use Chinese language in daily life. Continuously writing of Chinese Pinyin of segregatory words is also base on the same principle.

6. Beijing pronunciation is the standard pronunciation of Putonghua, and the northern dialect is its basic dialect. According to this principle, we put "er" on the R-pronounced Words, for the students to learn authentic Chinese.

7. Teachers are expected to deal with the most frequently used grammatical rules

and explained them in as non-technical a way as possible. To achieve this, multi-media assistance, like pictures, body language and videos, can be used in class. In this way, students can be immersed in the language rather than lost in the grammatical jungle.

8. The texts are topic-centered and provide students with communication drills. The first volume to the fourth volume is mainly about campus life. From the fifth volume on, more social talks about Chinese culture, customs and ideas are involved. Teachers are expected to focus on the text and try to open students' mouths, improve their language ability and cultivate their language-learning potential.

9. "Functional conversations" is designed for this course every fifth or tenth lesson, with emphasis on "combining the linguistic structure with function". "Functional conversations" might be not closely related to the texts, but it is still a succinct summary.

10. Teachers can apply task-based approach in class and assign different communication tasks to students. More in-class activities are strongly suggested. Hence, students are able to learn the language through communication and could be motivated by using the language.

Compilers

March, 2021

# 第1版前言

《速成汉语初级教程·综合课本》是为短期班零起点的外国学生编写的初级汉语教材（也可供长期班零起点的外国学生使用），教学时间为一个学期（20周），要求学生基本达到国内基础汉语教学一学年所达到的汉语水平。

速成教学时间短，要求高，只有实行“强化+科学化”的教学，才能成为最优化的教学。我们认为，速成教学的总体构想应该是：以掌握话题内容为教学的最低目的，以掌握话题模式为教学的最高目的，以掌握语法、功能为实现教学目的的具体措施和根本保障。因此，本教材的总体构想是：以话题为中心，以语法、功能为暗线，以全方位的练习为主体。

教材具体安排如下：共编80课，语音教学贯彻始终。1～10课突出语音（声母、韵母、声调），不涉及语法和功能；11～80课侧重于语法和功能，兼顾语音（难音、难调、重音、语调）。

编写课文时，我们慎重筛选和安排话题。有关生活、学习、交际方面的内容先出，介绍中国国情、中国人观念习俗的文化内容后出。其中，介绍中国国情的内容，以反映社会积极因素为主，但也有个别课文是反映社会消极因素的，避免脱离实际。课文内容的确定，均受一定语法点的制约，但又不捆得过死，注重语言的流畅性和趣味性。课文篇幅逐渐加长，但最长的不超过500字。

这套系列教材共出生词3400多个（专名未计算在内）。注音基本上以中国社会科学院语言研究所词典编辑室所编的《现代汉语词典》为依据，极个别的词参考了《汉语水平词汇与汉字等级大纲》。词性主要参考冯志纯等主编的《新编汉语多功能词典》。每课生词平均43个左右，只要求学生掌握本课重点词语。

语法点的选取主要依据国家对外汉语教学领导小组所编的《汉语水平等

级标准与语法等级大纲》。教材中涉及的语法点，甲级的除少数外全部出齐，乙级的出了大部分，丙级的也选取了一些。我们对少数语法点进行了调整，扩大了趋向补语、结果补语以及主谓谓语句的范围，增加了数量补语。语法难点分散出。对课文中出现的语法点，我们采取分别对待的处理方法：重点的语法点注释略多些，次重点的语法点注释从简，非重点的语法点不加注释，如连动句、兼语句等。语法点不是见一个注一个，基本上采取归纳法，并注意说明使用条件。

这套系列教材共选取100多个功能项目。这些功能项目都是学生最常见、最急用的。对这些功能项目也采取归纳法，而且是在逢五逢十的课中归纳。所归纳的功能项目只具有提示作用，在句型上不求全，教师上课时可根据教学实际情况适当补充。

我们所设计的练习是为教师备课、组织课堂教学、对学生进行技能训练服务的，说到底，是为提高学生的语言交际能力服务的。为此，我们采用了“语音→词语→句型→功能→成段表达→篇章结构→阅读理解”一条龙的练习模式。这些练习为帮助学生打好语音基础、实现从单句表达到成段表达的平稳过渡提供了可靠的保障。

我们的教材编写工作一直是在校领导和国家对外汉语教学领导小组办公室的大力支持下、在院领导的具体指导下、在学院同志的热情帮助下进行的。没有上上下下的通力合作，这套教材是编不出来的。

在教材编写过程中，我们召开过院内专家咨询会、校内专家咨询会，参加过合肥教材问题研讨会。与会专家对我们的教材初稿提出了许多宝贵意见，使我们的修改工作有了准绳。

在编写课文时，我们参考了校内外的有关教材，如韩鉴堂编的《中国文化》、赵洪琴等主编的《汉语写作》、刘德联等编的《趣味汉语》、吴晓露等主编的《说汉语谈文化》、潘兆明主编的《汉语中级听力教程》、吕文珍主编的《五彩的世界》等，从中受益匪浅。

在此，我们谨向有关领导、专家、同行和所有直接或间接帮助过我们的同志表示衷心的感谢。限于水平，教材的缺点和错误在所难免，恳请使用者给予批评指正。

编　者

1995年12月

# Preface for the First Edition

*Short Term Intensive Elementary Chinese* is a Chinese language textbook designed for foreigners at elementary level in short term classes. It can, however, also be used for long term classes. The course covers one semester (20 weeks), students are expected to reach the basic level of one year regular Chinese language learning in China.

Intensive Chinese teaching requires "intensify + science". We think that the basic principle is: the minimum teaching aim is to master the topic contents, the maximum teaching aim is to master the topic mode, and the ultimate aim is to have a good command of grammar and function. In short, the overall design of the textbooks is centered on the topics, grammar and function as inherent clues, and accompanied with various exercises.

The textbooks consist of 80 texts and with pronunciation teaching throughout. Lesson 1 to Lesson 10 deals with pronunciation (initials, finals and tones), and without grammar and function involved. Lesson 11 to Lesson 80 focuses on grammar and function, with pronunciation involved (difficult syllables, tones, stress, and intonation).

Topics are carefully selected for compiling the texts. Topics from daily life are preferable, and then topics related to Chinese culture and customs. Positive aspects of Chinese society are highlighted, however, negative aspects are reserved for authenticity. The texts are restricted by grammar points in some extent, but language's fluency and interest are still pursued. The length of texts is added progressively, no more than 500 words.

The textbooks include over 3,400 words (excluding the proper nouns). Pronunciation is mostly based on *Contemporary Chinese Dictionary* compiled by dictionary department of Institute of Linguistics at Chinese Academy of Sciences. Some words are based on *Syllabus of Graded Words and Characters for Chinese Proficiency*. Parts of speech are mainly based on *The Newly Compiled Chinese Multiple Functional Dictionary* chiefly compiled by Feng Zhichun and so on. Each text consists of about 43 new words, students are required to have a good command of key words and phrases.

Grammar points are basically selected according to *Chinese Proficiency Graded Standard and Grammar Syllabus* compiled by China National Office for Teaching Chinese as a Foreign Language. Most of grammar points of class-A are included, as well as those of class-B. Grammar points of class-C are also selected. We have adjusted some of the grammar points, and extended the scope of directional complement, resultative complement and clausal predicate sentence, etc. Quantitive complement is also added. We have interpreted the grammar points in different ways: key grammar points are explained in detail, less important grammar points are explained in brief, and non-key grammar points are omitted, for example, sentences with serial verbs and pivotal sentences, etc. The inductive method has been adopted, with explanations to the condition of usage.

Over 100 functional items have been selected in the textbooks, which are useful and practical. These items have been summarized every fifth and tenth lesson. Sentence patterns might not be all covered, teachers can replenish it according to their teaching needs.

The exercises have been designed for teachers' lesson preparation and classroom organization, as well as for students' skills training. In the long run, the exercises aim to improve students' communication skills. We adopted the exercises mode: "pronunciation→words and phrases→sentence patterns→function→expressions in paragraph→discourse structure→reading comprehension". The exercises can be helpful to lay a solid foundation in students' pronunciation and communication skills.

The textbooks have been supported by our university and China National Office for Teaching Chinese as a Foreign Language, as well as our colleagues. Without them, the textbooks cannot be published.

While compiling the textbooks, seminars among experts of our university and college were held. We also attended the conference in Hefei on textbooks. Those experts have given us many helpful suggestions, which are very useful and constructive.

Many textbooks have been used as reference. These books are: *Chinese Culture* (compiled by Han Jiantang), *Chinese Writing* (chiefly compiled by Zhao Hongqin and so on), *Interesting Chinese* (compiled by Liu Delian and so on), *Talking about Chinese Culture* (chiefly compiled by Wu Xiaolu and so on), *Chinese Intermediate Listening Course* (chiefly compiled by Pan Zhaoming), *The Colourful World* (chiefly compiled by Lyu Wenzhen).

We would like to express our sincere thanks to those who have given us direct or indirect help. Because of our limited knowledge, mistakes are inevitable, your suggestions are very much appreciated.

Compilers

December, 1995

# 第2版前言

《速成汉语基础教程·综合课本》是《速成汉语初级教程·综合课本》的修订版。在修订过程中，我们保持原教材的优势和特色：

1. 全书共出词语3600多个，基本涵盖了《汉语水平词汇与汉字等级大纲》中的甲、乙两级词汇，另有一部分丙级词和超纲词。学完本教程的学生有望通过较高等级的HSK考试。

2. 原教材选取了贴近学生生活、学了就能用的话题，这样的内容学生喜欢学、愿意学。课文语言自然流畅、风趣幽默，能够引起学生的学习兴趣，激发他们的学习积极性。

3. 原教材语法点的讲解基本采用归纳法，课文编写不受语法点的绝对限制，允许冒出新的语法点。多年的教学经验证明，对成年人的汉语教学，首先要使他们对各种语言现象形成真切的感性认识，到一定阶段再进行归纳总结，帮助他们上升到理性认识，这样才符合第二语言教学的规律。

4. 原教材设计的练习大都紧紧围绕课文和当课的语法点，针对当课的重点和难点，能够很好地为教师备课、组织课堂教学、对学生进行语言技能和语言交际技能的训练服务。

原教材使用了10多年，我们也发现一些问题，如有的内容过时，有的练习显得臃肿，有的语法点解释过于烦琐等。这次修订，我们做的主要工作如下：

1. 为学生使用方便，把原教材的四册拆分为八册。本教程是为短期班零起点的外国学生编写的基础汉语教材，原教材80课共四册，每册20课，课本厚，内容多，学生短期内学不完，所以不适合短期班学生选择使用。修订后每册10课，便于教学单位根据学生实际水平灵活选用。学生能够在短期内学完一册课本，也会很有成就感和满足感。

2. 与时俱进，替换了部分课文。原教材中有些过时的内容都已撤换，另外增加了一些新鲜的词语，如“网吧”“上网”“手机”“短信”“数码相机”“MP3”“电子邮件”等等。

3. 压缩了部分练习。原教材的练习丰富有效，但是受教学时间限制，课上不能全部完成，短期班学生又不宜留过多的家庭作业，因此我们精简了练习项目，有些内容移到了与之配套的《速成汉语基础教程·听说课本》中。

4. 精简了语法点的注释。为贯彻“强化词语教学，淡化句法教学”的原则，并且考虑到短期班学生不一定要掌握系统的语法，我们把原教材中过于烦琐的语法注释删去，以便于教师讲解和学生记忆。

修订这套教材，我们总的指导思想是：以语音、词汇、语法、汉字等语言要素的教学为基础，通过课堂教学，帮助学生把语言要素转化为语言技能，进而转化为语言交际技能。为此，我们提出以下教学建议：

1. 由于语音是学生语言能力的门面，也是对外汉语教学的难点之一，我们保留了作为语音集中教学阶段的前10课，同时在各课中仍然进行分散的语音训练，希望教师根据学生的发音问题，有选择、有重点地加强语音训练。

2. 第一册的重点虽然是语音训练，但教师在突出听说训练的同时，也要重视汉字的认读和书写练习，帮助学生打好汉字基础。

3. 第二册到第八册的重点是词语教学。每课生词表里的生词包括课文中的生词和练习中的生词，两部分生词同等重要。在教学中，我们希望教师带领学生完成课后的所有练习，并且重视词语的搭配和活用，帮助学生掌握好词语的音、形、义、用。

4. 语法讲解不追求系统性，力求简单明了，从结构入手，重视语义和语用功能的说明。教师可通过图片、动作、影像等各种直观手段展示语法点，再进行机械练习，最后落实到活用上，使学生置身于语言交际的情境中，而不是语法术语和概念中。

5. 课文以话题为中心，为学生提供交际的模式。第一册到第四册的重点是有关学习、生活方面的交际，从第五册开始逐渐向社会交际过渡，增加介绍中国国情、中国人的观念习俗等文化方面的内容。教师要尽量引导学生以课文为范本，说他们自己想说的话，以此训练学生的思维能力，开发他们的语言潜能，提高交际能力。

6. 教师可采用任务教学法，给学生布置各种交际任务，多组织课堂活动，要求学生使用语言完成交际任务，在交际中学习语言，强化他们学习语言的成就感，激发他们的学习积极性。

《速成汉语基础教程·综合课本》(1—8)(第2版)的主编为郭志良和杨惠元。在本教程的修订过程中，张志忠修改了部分插图，赵娅修改了部分语法注释的英文翻译，罗斌翻译了前言。

编　者

2007年2月

# Preface for the Second Edition

*Speed-up Chinese: Integrated Textbook* is the revised version of *Short Term Intensive Elementary Chinese,* with the following advantages and features reserved:

1. With a vocabulary over 3,600, the textbooks cover class-A and class-B words of *Syllabus of Graded Words and Characters for Chinese Proficiency*. Words of class-C and higher are included as well. After learning this course, students are expected to pass the advanced level of HSK.

2. The materials we used are student-centered. The unrevised version provided students with materials from daily life, which can be put into practice immediately after class. In this way, we believe students would be highly motivated in their language acquisition.

3. We apply inductive method to elaborate the grammar points. We have briefly dealt with the most frequently used grammatical rules and explained them in as non-technical a way as possible. New grammar points are not strictly confined to certain text since long-year teaching experience shows that for adult-learners, a general impression for the language will help them form a stronger foundation for their language learning.

4. The exercises are closely related to the text. The key grammar points are highlighted in the exercises. It is designed to assist teachers to organize in-class activities and consolidate the students' in-class acquisition.

The unrevised version has been in use for over ten years. Great changes have been taken place in the world and also in Chinese language. To make the textbook adapt to the changes, we revised the book. For this revision, our main focuses are:

1. For the learners' convenience, we divided the original four volumes into eight.

The revised version targets at short-term beginners. The unrevised version includes 80 lessons distributed in four volumes, with each having 20 lessons. While the revised version has 10 lessons for each volume, it can better suit the needs of short-term beginners.

2. We keep our pace with the times and update the materials. New words, such as Internet café, surf online, cell-phone, text messages are added into the revised version.

3. We removed some of the exercises. The exercises in the unrevised version are abundant. In considering the short learning span, we cut some exercises to suit the short-term learners' needs. A portion of the exercises is transferred to the *Speed-up Chinese: Listening and Speaking*.

4. We simplified the notes and explanations for grammar points. For beginners, emphasis should be put on vocabulary rather than the sentences. We removed some lengthy and complex notes and simplified the explanation to meet the requirements of learners.

Our guideline for the revision is to integrate phonetics, vocabulary, grammar and characters into the textbook and by the designed in-class activities, learners are able to transfer what is in the text into daily use and hence they can improve their language skills. To achieve this goal, we proposed the following suggestions for teachers:

1. Pronunciation is a key to language learners' learning and communication success outside the classroom. Accordingly, we reserved the first ten lessons with the focus on pronunciation drills. Pronunciation drills are also distributed in each lesson. We hope that teachers can pay continuous attention to students' pronunciation.

2. Though the first volume focuses on pronunciation drills, Chinese characters should also be involved in class. Teachers should help the students lay a good foundation of Chinese characters.

3. From the second volume to the eighth volume, the emphasis is on vocabulary. The glossary in each lesson includes new words in the text and exercises. Teachers are expected to guide students to finish the exercises; meanwhile, the collocation and

variation of the words should also be emphasized.

4. Teachers are expected to deal with the most frequently used grammatical rules and explained them in as non-technical a way as possible. To achieve this, multi-media assistance, like pictures, body language and videos, can be used in class. In this way, students can be immersed in the language rather than lost in the grammatical jungle.

5. The texts are topic-centered and provided students with communication drills. Volume one to volume four is mainly about campus life. From volume five on, more social talks about Chinese culture, customs and ideas are involved. Teachers are expected to focus on the texts and try to open students' mouths, improve their language ability and cultivate their language-learning potential.

6. Teachers can apply task-based approach in class and assign different communication tasks to students. More in-class activities are strongly suggested. Hence, students are able to learn the language through communication and could be motivated by using the language.

*Speed-up Chinese: Integrated Textbook (1—8) (Second Edition)* is chiefly compiled by Guo Zhiliang and Yang Huiyuan. Zhang Zhizhong redrew some of the pictures, Zhao Ya revised the English grammar notes and Luo Bin translated the English preface.

Compilers

February, 2007

# CONTENTS
# 目　录


第一课　我在看通知呢 …… 001

一 课文　Text …… 001
二 生词　New words …… 002
三 课堂练习　Exercises …… 004
四 家庭作业　Homework …… 009
五 语法　Grammar …… 010

第二课　下星期六我一定去 …… 012

一 课文　Text …… 012
二 生词　New words …… 013
三 课堂练习　Exercises …… 015
四 家庭作业　Homework …… 020
五 语法　Grammar …… 022

第三课　她去过许多地方 …… 024

一 课文　Text …… 024
二 生词　New words …… 025
三 课堂练习　Exercises …… 027
四 家庭作业　Homework …… 031
五 语法　Grammar …… 032
六 注释　Notes …… 034

第四课　戒烟 …………………………………………… 035

一 课文　Text ………………………………………… 035
二 生词　New words ………………………………… 036
三 课堂练习　Exercises ……………………………… 038
四 家庭作业　Homework …………………………… 044
五 语法　Grammar …………………………………… 046

第五课　味道好极了 ………………………………… 048

一 课文　Text ………………………………………… 048
二 生词　New words ………………………………… 049
三 课堂练习　Exercises ……………………………… 051
四 家庭作业　Homework …………………………… 056
五 语法　Grammar …………………………………… 058
六 附录　Appendix …………………………………… 059

第六课　这是第一次吃水煮牛肉 …………………… 060

一 课文　Text ………………………………………… 060
二 生词　New words ………………………………… 061
三 课堂练习　Exercises ……………………………… 063
四 家庭作业　Homework …………………………… 067
五 语法　Grammar …………………………………… 069

第七课　我们家是四世同堂 ………………………… 071

一 课文　Text ………………………………………… 071
二 生词　New words ………………………………… 072
三 课堂练习　Exercises ……………………………… 074
四 家庭作业　Homework …………………………… 077

五 语法 Grammar …… 079
六 附录 Appendix …… 079

第八课 我们俩完全平等 …… 083

一 课文 Text …… 083
二 生词 New words …… 084
三 课堂练习 Exercises …… 086
四 家庭作业 Homework …… 090
五 语法 Grammar …… 091

第九课 去友谊医院怎么走 …… 093

一 课文 Text …… 093
二 生词 New words …… 094
三 课堂练习 Exercises …… 096
四 家庭作业 Homework …… 101
五 语法 Grammar …… 103

第十课 过两天就可以出院 …… 105

一 课文 Text …… 105
二 生词 New words …… 106
三 课堂练习 Exercises …… 108
四 家庭作业 Homework …… 113
五 语法 Grammar …… 115

词汇总表 Glossary …… 116
课堂练习和家庭作业参考答案 Key to exercises and homework …… 125
语法索引（第2册—第4册） Index of grammar（Volume2—Volume4） … 138

# Dì-yī kè 第一课 我在看通知呢

## 一 课文 Text

**布告栏 Bulletin Board**

**文化讲座**

中国文化历史悠久，富有特色。由陈文山教授主讲的“中国文化”讲座将系统地向你介绍中国文化，欢迎参加。

时间：8月19日—23日

每天下午2：00—4：00

地点：教学楼101教室

速成学院留学生办公室

2021年8月18日

**中国歌曲学习班招生通知**

我院聘请文化学院高英老师从下周起教唱中国歌曲，欢迎同学们参加。

学习班共14周，每周一次，每次两小时，星期五下午2：00—4：00。

每小时20元人民币。

报名地点：教学楼312房间

速成学院留学生办公室

2021年8月18日

（丁兰、艾米从楼上走下来，看见贝拉正站在教学楼一层大厅里）

艾　米：贝拉，我们到处找你，原来你在这儿呢。

丁　兰：你在看什么呢？

贝　拉：我在看通知呢。

丁　兰：你想参加哪个班哪？

贝　拉：我想听听文化讲座。艾米，咱们一起报名参加，怎么样？

艾　米：我已经报名参加歌曲班了。

丁　兰：听说艾米很喜欢唱歌，而且还有个好嗓子。

艾　米：我是很喜欢唱歌，可是嗓子不太好。

丁　兰：还挺谦虚呢。

艾　米：跟中国朋友学的。

贝　拉：哎，你们找我有什么事啊？

艾　米：请你跟我们一起出去吃晚饭。

贝　拉：外边在下雨呢。

丁　兰：没关系，我已经带上伞了。

贝　拉：你们瞧，这雨下大了。咱们还去吗？

艾　米：当然去。你知道这样一句诗吗？

　　　　“冒雨去吃饭，生活多浪漫！”

贝　拉：不知道。这诗是哪位诗人写的？

艾　米：远在天边，近在眼前。

## 二 生词 New words

| | | | |
|---|---|---|---|
| 1. 讲座 | （名） | jiǎngzuò | lecture |
| 2. 悠久 | （形） | yōujiǔ | long, age-old |
| 3. 富有 | （动） | fùyǒu | to be rich in, to be full of |
| 4. 特色 | （名） | tèsè | characteristic, distinguishing feature |
| 5. 由 | （介） | yóu | by |
| 6. 主讲 | （动） | zhǔjiǎng | to give a lecture |
| 7. 将 | （副） | jiāng | to be going to, will, shall |
| 8. 系统 | （形、名） | xìtǒng | systematic; system |
| 9. 地点 | （名） | dìdiǎn | place, site |
| 10. 招生 | （动） | zhāoshēng | to enroll new students, to recruit students |
| 11. 院 | （名） | yuàn | college, institute |
| 12. 聘请 | （动） | pìnqǐng | to invite, to engage |
| 13. 共 | （副） | gòng | in all, altogether |
| 14. 报名 | （动） | bàomíng | to sign up, to enter one's name |
| 15. 原来 | （副） | yuánlái | originally, formerly |
| 16. 在 | （副） | zài | in process of, in course of |

| | | | |
|---|---|---|---|
| 17. 哪 | （助） | na | (a modal particle) |
| 18. 而且 | （连） | érqiě | and, (not only...) but also |
| 19. 挺 | （副） | tǐng | quite, rather, very |
| 20. 谦虚 | （形） | qiānxū | modest |
| 21. 哎 | （叹） | āi | (an interjection) |
| 22. 啊 | （助） | a | (a modal particle) |
| 23. 伞 | （名） | sǎn | umbrella |
| 24. 诗 | （名） | shī | poem |
| 25. 冒 | （动） | mào | to risk, to brave (the rain) |
| 26. 浪漫 | （形） | làngmàn | romantic |
| 27. 诗人 | （名） | shīrén | poet |
| 28. 远在天边，近在眼前 | | yuǎn zài tiānbiān, jìn zài yǎnqián | Seemingly far away, actually close at hand. |
| 眼 | （名） | yǎn | eye |
| 眼睛 | （名） | yǎnjing | eye |
| 眼前 | （名） | yǎnqián | before one's eyes |

## 补充词汇 Supplementary words

| | | | |
|---|---|---|---|
| 1. 广播 | （动、名） | guǎngbō | to broadcast; broadcast |
| 2. 新闻 | （名） | xīnwén | news |
| 3. 现代 | （形） | xiàndài | modern, contemporary |
| 4. 满足 | （动） | mǎnzú | to satisfy, to meet |
| 5. 饺子 | （名） | jiǎozi | dumpling (with meat and vegetable stuffing) |
| 6. 面条儿 | （名） | miàntiáor | noodles |
| 7. 赢得 | （动） | yíngdé | to gain, to win, to obtain |
| 赢 | （动） | yíng | to win, to beat |
| 8. 赞扬 | （动） | zànyáng | to praise, to speak highly of |
| 9. 输 | （动） | shū | to lose, to be beaten |
| 10. 不但 | （连） | búdàn | not only |
| 11. 干 | （动） | gàn | to do, to work |
| 12. 咖啡 | （名） | kāfēi | coffee |
| 13. 书法 | （名） | shūfǎ | calligraphy |
| 14. 打字 | （动） | dǎzì | to typewrite, to type |

| | | | |
|---|---|---|---|
| 15. 长 | （动） | zhǎng | to grow, to develop |
| 16. 胖 | （形） | pàng | fat |

### 专名 Proper nouns

| | | |
|---|---|---|
| 1. 陈文山 | Chén Wénshān | name of a person |
| 2. 高英 | Gāo Yīng | name of a person |

## 二 课堂练习 Exercises

### （一）语音 Pronunciation

1. 朗读定调音节 Read aloud the syllables and pay attention to the tones

| | | | | |
|---|---|---|---|---|
| 都听 | 还听 | 也听 | 再听 | 听的 |
| 都读 | 还读 | 也读 | 再读 | 读的 |
| 都写 | 还写 | 也写 | 再写 | 写的 |
| 都看 | 还看 | 也看 | 再看 | 看的 |

2. 辨音辨调 Distinguish the sounds and tones

| | | | | | |
|---|---|---|---|---|---|
| zhǔjiàng | 主将 | xìntǒng | 信筒 | dìtiě | 地铁 |
| zhǔjiǎng | 主讲 | xìtǒng | 系统 | dìdiǎn | 地点 |
| zhāoshēng | 招生 | làngmàn | 浪漫 | sīrén | 私人 |
| zhōushēn | 周身 | lànmàn | 烂漫 | shīrén | 诗人 |
| guǎngbō | 广播 | xīnwèi | 欣慰 | xiàndài | 现代 |
| guǎngbó | 广博 | xīnwén | 新闻 | kàndài | 看待 |

3. 三音节声调　Tones of tri-syllables

| | | | |
|---|---|---|---|
| gōngzhèngchù | 公证处 | cúnchēchù | 存车处 |
| qiāndàochù | 签到处 | cúnfàngchù | 存放处 |
| xīnwénchù | 新闻处 | liánluòchù | 联络处 |
| fāxíngchù | 发行处 | qíngbàochù | 情报处 |
| guǎnlǐchù | 管理处 | guàhàochù | 挂号处 |
| jīngxiāochù | 经销处 | shòupiàochù | 售票处 |
| jièshūchù | 借书处 | bànshìchù | 办事处 |
| xúnwènchù | 询问处 | zhùyuànchù | 住院处 |

4. 语调　Intonation

（1）多大呀！
多快呀！
多热呀！
多累呀！
多努力呀！
多容易呀！

（2）多小哇！
多好哇！
多早哇！
多高哇！
多清楚哇！
多幸福哇！

（3）多慢哪！
多宽哪！
多短哪！
多认真哪！
多方便哪！
多好看哪！

（4）多冷啊！
多忙啊！
多长啊！
多高兴啊！
多漂亮啊！
多聪明啊！

（5）多有意思啊！
多合适啊！
多好吃啊！

## （二）词语　Words and phrases

从本课生词表中选择合适的词语填空　Fill in the blanks with the appropriate new words from this lesson

（1）中国文化有________的历史，而且富有________。

（2）我到白老师家的时候，她在听________呢。

（3）方教授________现代汉语语法，我们很喜欢听他的课。

（4）今天下午的文化________由张教授________。

（5）王教授将________地介绍学习汉语的方法。

（6）白老师讲语法很有________。

（7）________使人进步。

（8）方云天是一个很________的人。

（9）我想参加歌曲学习班，你知道________的时间和________吗？

（10）你们有什么要求，我一定________。

（11）我好几天没看见方龙了，________他去上海了。

（12）这首诗是哪位________写的？

（13）外边下雨了，带上________吧！

（14）你喜欢吃________还是________？

（15）彼得喜欢打太极拳，________打得很好。

（16）山本表演的汉语节目很有特色，________了大家的________。

（17）昨天的篮球比赛我们班________了，可是足球比赛________了。

（18）饺子________好吃，而且便宜。

## （三）句型　Sentence patterns

1. 替换　Substitution

（1）你看，外边在下雨。

| | |
|---|---|
| 外边 | 下雪 |
| 外边 | 刮风 |
| 小陈 | 跳舞 |

| | |
|---|---|
| 小高 | 游泳 |
| 他们 | 准备节目 |
| 他们 | 表演汉语节目 |
| 郑教授 | 打太极拳 |
| 钱老师 | 给女儿照相 |

（2）你看，外边 下雨呢。

| | |
|---|---|
| 外边 | 下雪 |
| 外边 | 刮风 |
| 小陈 | 跳舞 |
| 小高 | 游泳 |
| 他们 | 准备节目 |
| 他们 | 表演汉语节目 |
| 郑教授 | 打太极拳 |
| 钱老师 | 给女儿照相 |

（3）你看，外边在下雨呢。

| | |
|---|---|
| 外边 | 下雪 |
| 外边 | 刮风 |
| 小陈 | 跳舞 |
| 小高 | 游泳 |
| 他们 | 准备节目 |
| 他们 | 表演汉语节目 |
| 郑教授 | 打太极拳 |
| 钱老师 | 给女儿照相 |

（4）A：你去他家的时候，他干什么呢？

B：他在打电话呢。

听音乐

听广播

听新闻

做饭

包饺子

吃面条儿

喝咖啡

画画儿

练习书法

练习打字

(5) 你看，<u>雨</u><u>下</u><u>大</u>了。

| | | |
|---|---|---|
| 雪 | 下 | 大 |
| 风 | 刮 | 大 |
| 他 | 长 | 大 |
| 他 | 长 | 高 |
| 他 | 长 | 胖 |
| 他 | 走 | 远 |
| 他 | 跑 | 远 |

2. 把下列句子改成否定句　Change the following sentences into negative forms

(1) 大内在复习语法呢。

(2) 于文在打扫房间呢。

(3) 他们在聊天儿。

(4) 艾米在看电视。

(5) 山本在翻译课文。

(6) 贝拉在看通知。

(7) 金汉成在唱歌呢。

(8) 丁兰在洗衣服呢。

（四）按照下列情景，用本课句型说话　Have a conversation on the following topics with the patterns in the text

（1）你和你的同学商量参加哪个学习班。

（2）围绕（wéirào，to center on）过去、现在、将来进行的动作行为进行问答练习。

（3）把你看到的一个通知的内容转告（zhuǎngào，to pass on）你的同学。

## 四 家庭作业 Homework

（一）词语　Words and phrases

1. 用下列生词至少组成两个短语　Make at least two phrases with each of the following words

| | |
|---|---|
| （1）广播：听广播　广播新闻 | （2）报名：________ ________ |
| （3）悠久：________ ________ | （4）谦虚：________ ________ |
| （5）讲座：________ ________ | （6）地点：________ ________ |
| （7）满足：________ ________ | （8）现代：________ ________ |

2. 用“在……”“……呢”或“在……呢”完成下面的短文　Complete the short passage with “在……” “……呢” or “在……呢”

昨天晚上我去山本正的宿舍玩儿。去以前，我想他一定________。到了他的宿舍一看，山本正没在看电视，他________。金汉成和彼得也在。金汉成________，彼得________。我看他们在一起学习，就回自己的宿舍了。

（二）阅读　Reading

**她已经学会了好几首中国歌**

为满足外国留学生学习汉语、了解中国文化的要求，学校举办了几个学习班，有“中国文化学习班”“现代文学学习班”“中国歌曲学习班”“汉字书法学习班”“太极拳学习班”，很多留学生都积极报名参加。

艾米参加了“中国歌曲学习班”，她已经学会了好几首中国歌。昨天，在一个朋友的生日晚会上，她唱了两首歌——《生日快乐歌》和《月亮代表我的心》，赢得了朋友们的赞扬。大家夸奖说：“艾米小姐不但人很漂亮，而且歌也唱得很好。”

1. 读后回答　Answer the following questions after reading

（1）学校为什么举办学习班？

（2）学校举办了几个学习班？

（3）艾米参加了什么学习班？

（4）昨天，在一个朋友的生日晚会上，艾米唱了几首歌？什么歌？

（5）大家觉得艾米唱得怎么样？

2. 复述课文　Retell the text

## 五 语法 Grammar

### （一）动作行为的进行（1）　The progressive action (1)

在汉语里，表示动作行为的进行时，我们可在述语动词之前加上副词“在”“正在”“正”，或者在述语动词、述宾短语之后加上助词“呢”。否定形式是“没在……”或“不（是）在……”。例如：

In Chinese, the adverbs “在” “正在” and “正” are used before the predicative verb, the modal particle “呢” is used after the predicative verb or the verb-object phrase for indicating a progressive tense of an action. The negative form of such sentences is “没在……” or “不（是）在……”. For example:

（1）你看，外边在下雨。

（2）你看，外边下雨呢。

（3）你看，外边在下雨呢。

（4）外边正在下雨呢。

（5）外边正下雨呢。

（6）他没在看电视。

（7）他不是在看电视，他在看书。

### （二）结果补语（2） Resultative complement (2)

有一种结果补语表示动作行为到某时为止的结果。例如："你看，雨下大了""等你到了门口，他早就走远了"。

Resultative complement (2) indicates the result of an action up to a certain time, such as "你看，雨下大了" and "等你到了门口，他早就走远了".

### （三）结构助词"地" The structural particle "地"

结构助词"地"用于连接状语和中心语，如"高兴地回答""系统地介绍"。

The structural particle "地" is used to link the adverbial with the headword, such as "高兴地回答" and "系统地介绍".

# Dì-èr kè 第二课 下星期六我一定去

## 一 课文 Text

星期五的下午，外面下着大雨。彼得一个人坐在房间里正认真地听录音，做练习，为参加明天的汉语水平考试（HSK）做准备。突然，有人敲门。彼得连忙放下手中的笔，走到门口，开门一看，是赵林。赵林是彼得刚认识的一位中国朋友，上次他想请彼得去他家玩儿，可是忘了告诉彼得他家的住址。

赵　林：彼得，你好！

彼　得：是赵先生，真是稀客，快请进。

赵　林：能找到你，真不容易呀！

彼　得：外面正在下雨呢，你是怎么来的？

赵　林：坐出租车来的。

彼　得：来，喝点儿水。

赵　林：谢谢！说起来真不好意思，上次请你来我家玩儿，可是忘了告诉你住址，也没给你名片，实在抱歉。

彼　得：没什么，当时都匆匆忙忙的，我也忘了问了。

赵　林：我这次来，是想请你明天去我家做客。

彼　得：非常感谢。不过我明天要参加汉语水平考试，现在正抓紧时间复习呢。

赵　林：下周六，可以吗？

彼　得：好的，下星期六我一定去。

赵　林：下午三点，我在家门口等你，不见不散。这是我的名片，上面有我的住址和电话号码。

彼　得：谢谢！赵先生冒雨来看我，实在感谢。

赵　林：俗话说："一回生，两回熟。"

彼　得：三回就是好朋友了，对吧？

赵　林：对！时间不早了，我该走了。

彼　得：这雨又下起来了，再坐一会儿吧。

赵　林：不坐了，出租车还在外面等着我呢。

彼　得：好吧，慢走！

赵　林：请留步，再见！

## 二 生词 New words

| | | | |
|---|---|---|---|
| 1. 外面 | （名） | wàimiàn | outside |
| 2. 连忙 | （副） | liánmáng | at once, promptly, immediately |
| 3. 放 | （动） | fàng | to place, to put |
| 4. 中 | （名） | zhōng | in, inside |
| 5. 稀 | | xī | rare, uncommon |
| 6. 名片 | （名） | míngpiàn | visiting card, calling card |
| 7. 实在 | （副、形） | shízài | really, indeed; true, real |
| 8. 抱歉 | （形） | bàoqiàn | sorry, apologetic |
| 9. 当时 | （名） | dāngshí | at that time |
| 10. 匆匆忙忙 | | cōngcōngmángmáng | hasteful, in a hurry |
| 匆忙 | （形） | cōngmáng | hasty, hurried, rushed |
| 11. 做客 | （动） | zuòkè | to be a guest |

| | | | |
|---|---|---|---|
| 12. 抓紧 | （动） | zhuājǐn | to firmly grasp, to seize |
| 13. 不见不散 | | bújiàn-búsàn | (Let's) not leave without seeing each other |
| 散 | （动） | sàn | to disperse, to break up |
| 14. 上面 | （名） | shàngmiàn | above, over, on the surface of |
| 15. 号码 | （名） | hàomǎ | number |
| 16. 俗话 | （名） | súhuà | common saying, proverb |
| 17. 一回生，两回熟 | | yì huí shēng, liǎng huí shú | Strangers at first meeting but friends at the second. |
| 熟 | （形） | shú | familiar |
| 18. 留步 | （动） | liúbù | don't bother to come any further (said by departing guest to host) |

## 补充词汇 Supplementary words

| | | | |
|---|---|---|---|
| 1. 道歉 | （动） | dàoqiàn | to apologize |
| 2. 批评 | （动） | pīpíng | to criticize |
| 3. 表扬 | （动） | biǎoyáng | to praise, to commend |
| 4. 举行 | （动） | jǔxíng | to hold |
| 5. 珍惜 | （动） | zhēnxī | to treasure, to value |
| 6. 争取 | （动） | zhēngqǔ | to fight for, to strive for |
| 7. 接受 | （动） | jiēshòu | to accept, to take |
| 8. 客人 | （名） | kèren | guest |
| 9. 里面 | （名） | lǐmiàn | inside, interior |
| 10. 邀请 | （动） | yāoqǐng | to invite; invitation |
| 11. 证书 | （名） | zhèngshū | certificate |
| 12. 感动 | （形） | gǎndòng | to be moved, to be touched |
| 13. 下面 | （名） | xiàmiàn | under, underneath, below, next in order |
| 14. 一直 | （副） | yìzhí | constantly, continuously, always |
| 15. 日报 | （名） | rìbào | daily paper |
| 16. 晚报 | （名） | wǎnbào | evening paper |
| 17. 第 | | dì | (used to indicate an ordinal number) |
| 18. 诚信 | （形） | chéngxìn | honest, faithful |
| 19. 前面 | （名） | qiánmiàn | front, in front |
| 20. 后面 | （名） | hòumiàn | at the back, behind, in the rear |

| | | | |
|---|---|---|---|
| 21. 左面 | （名） | zuǒmiàn | left side |
| 22. 右面 | （名） | yòumiàn | right side |
| 23. 轻松 | （形） | qīngsōng | relaxed, light |
| 24. 南面 | （名） | nánmiàn | south, southern side |
| 25. 西面 | （名） | xīmiàn | west, western side |
| 26. 北面 | （名） | běimiàn | north |
| 27. 东面 | （名） | dōngmiàn | east, eastern side |

### 专名 Proper nouns

| | | |
|---|---|---|
| 1. 汉语水平考试 | Hànyǔ Shuǐpíng Kǎoshì | HSK |
| 2. 人民日报 | Rénmín Rìbào | The People's Daily |
| 3. 北京晚报 | Běijīng Wǎnbào | Beijing Evening News |

## 二 课堂练习 Exercises

### （一）语音 Pronunciation

1. 朗读定调音节 Read aloud the syllables and pay attention to the tones

| | | | | |
|---|---|---|---|---|
| 都听 | 还听 | 也听 | 再听 | 听的 |
| 都读 | 还读 | 也读 | 再读 | 读的 |
| 都写 | 还写 | 也写 | 再写 | 写的 |
| 都看 | 还看 | 也看 | 再看 | 看的 |

2. 辨音辨调 Distinguish the sounds and tones

| | | | | | |
|---|---|---|---|---|---|
| míngpiàn | 名片 | bàoqiàn | 抱歉 | hǎo mǎ | 好马 |
| míngpiān | 名篇 | dàoqiàn | 道歉 | hàomǎ | 号码 |
| pǐnpíng | 品评 | biǎoyǎn | 表演 | jìnxíng | 进行 |
| pīpíng | 批评 | biǎoyáng | 表扬 | jǔxíng | 举行 |

| | | | | | |
|---|---|---|---|---|---|
| zhīxī | 知悉 | zhēngqǔ | 争取 | jiēshòu | 接受 |
| zhēnxī | 珍惜 | zhēngqì | 争气 | jiēshōu | 接收 |

3. 三音节声调　Tones of tri-syllables

| | | | |
|---|---|---|---|
| dānchúncí | 单纯词 | xíngróngcí | 形容词 |
| fāngwèicí | 方位词 | héchéngcí | 合成词 |
| duōyìcí | 多义词 | tóngyìcí | 同义词 |
| bāoyìcí | 褒义词 | chángyòngcí | 常用词 |
| | | | |
| fǒudìngcí | 否定词 | fùhécí | 复合词 |
| yǔqìcí | 语气词 | wàiláicí | 外来词 |
| biǎnyìcí | 贬义词 | zhùdòngcí | 助动词 |
| fǎnyìcí | 反义词 | shùliàngcí | 数量词 |

4. 重音　Stress

（1）我到他家的时候，他正看电视呢。

（2）我到他宿舍的时候，他正练习书法呢。

（3）我到教室的时候，他正听录音呢。

（4）我到阅览室的时候，他正看杂志呢。

（5）我到操场的时候，他们正打太极拳呢。

（6）我到球场的时候，金汉成正在比赛呢。

（7）我到商店的时候，她正在买裙子呢。

（8）我到医院的时候，他正在挂号呢。

（9）我到公园的时候，他们正在买票呢。

## （二）词语 Words and phrases

1. 从本课生词表中选择合适的词语填空 Fill in the blanks with the appropriate new words from this lesson

（1）昨天我们家来了很多________。

（2）星期天我们去方老师家________。

（3）________很热，可是屋子________非常凉快。

（4）我误会了你的意思，________不好意思。

（5）我的电话________是62027744。

（6）你批评得对，我完全________你的批评。

（7）这是小高做的好事，应该________他。

（8）非常________，我今天又来晚了。

（9）王才________你参加今天的晚会。

（10）你取得汉语水平考试三级的________了吗？

（11）是我错了，我向你________。

（12）我们要________时间，不浪费一分一秒。

（13）这次比赛我一定________好成绩。

（14）他给了我一张________，________有他家的住址。

（15）________说：一日三笑，不用吃药。

（16）晚上去看电影，现在应该________时间做作业。

（17）大家这么关心我，我心里非常________。

（18）________，请山本发言。

2. 用指定的词语改写句子 Rewrite the following sentences with the words given

（1）他说完就很快地走了。（匆匆忙忙）

（2）昨天时间很紧张，我忘了告诉你。（匆匆忙忙）

（3）听见有人敲门，王欢站起来就去开门。（连忙）

（4）他知道自己说错了，就说：“对不起，对不起！”（连忙）

（5）我来中国以后没给他写过信。（一直）

（6）这雨已经下了三天了。（一直）

（7）老师夸奖大内上子学习很努力。（表扬）

（8）老师说彼得学习不认真。（批评）

## （三）句型 Sentence patterns

### 1. 替换 Substitution

（1）我去宿舍找他的时候，他正看电视呢。

吃饭　睡觉　喝茶　打电话　看小说　看杂志　看报

看《人民日报》　看《北京晚报》　练习书法　练习打字

（2）我去他家找他的时候，他正在看电视呢。

吃饭　睡觉　喝茶　打电话　看小说　看杂志　看报

看《人民日报》　看《北京晚报》　练习书法　练习打字

（3）我正休息的时候，有人敲门。

| | |
|---|---|
| 吃饭 | 有人叫我 |
| 做饭 | 有人喊我 |
| 洗澡 | 有人找我 |
| 上课 | 有人打电话找我 |
| 打电话 | 服务员送来了早饭 |
| 听录音 | 同屋回来了 |

（4）外面正下着雨呢，别出去了。

| | | | |
|---|---|---|---|
| 里面 | 上 | 课 | 别敲门了 |
| 他 | 做 | 练习 | 没时间玩儿 |
| 他 | 睡 | 觉 | 别去找他了 |
| 他 | 看 | 电视 | 别叫他了 |

（5）外边 下上雨了。

| | | |
|---|---|---|
| 外边 | 下 | 雪 |
| 他 | 学 | 打字 |

他　　迷　　电脑

他们　　打　　篮球

他们　　看　　表演

（6）他们班 学到第三十五课了。

他　　看　　第五十页

他　　做　　第四个练习

他　　查　　第十七个生词

他　　长　　一米八

他　　复习　　第三十二课

他　　翻译　　第九个句子

他　　回答　　第六个问题

（7）你说下去吧！

讲　看　念　读　写　听　住　介绍　研究　表演

（8）你怎么夸奖起我来了？

唱　　歌

跳　　舞

说　　他

想　　家

聊　　天儿

数　　钱

修　　车

批评　　我

表扬　　我

照顾　　我

2. 用“正”“正在”完成句子　Complete the following sentences with “正” or “正在”

（1）我到教室的时候，__________________________。

（2）我去医院看他的时候，______________________。

（3）我到银行的时候，______________________。

（4）我从图书馆出来的时候，______________________。

（5）我到体育场的时候，______________________。

（6）我给王才打电话的时候，______________________。

（7）我到赵林家的时候，______________________。

（8）我走到食堂门口的时候，______________________。

（9）我去邮局取包裹的时候，______________________。

（四）按照下列情景，用本课句型说话　Have a conversation on the following topics with the patterns in the text

（1）你忘了告诉朋友一件事，请打电话告诉他。

（2）你去朋友家，谈完话跟朋友告别。

## 四 家庭作业 Homework

（一）词语　Words and phrases

1. 用下列生词至少组成两个短语　Make at least two phrases with each of the following words

（1）放：________ ________　（2）连忙：________ ________

（3）珍惜：________ ________　（4）争取：________ ________

（5）接受：________ ________　（6）表扬：________ ________

（7）批评：________ ________　（8）邀请：________ ________

（9）前面：________ ________　（10）后面：________ ________

（11）左面：________ ________　（12）右面：________ ________

2. 写出反义词　Write antonyms

| | |
|---|---|
| 紧张—— | 表扬—— |
| 外面—— | 上面—— |
| 前面—— | 左面—— |
| 南面—— | 西面—— |
| 北方—— | 东边—— |
| 赢—— | 短期—— |
| 借—— | 丈夫—— |
| 中餐—— | 白天—— |
| 晴天—— | 早上—— |

（二）阅读　Reading

**赵林是一个很实在的朋友**

周六，学校要举行一次汉语水平考试。彼得已经报名参加了，这几天他一直在做准备。他想，自己能来中国学习，是件很不容易的事，应该珍惜这个机会，努力学习，争取拿到一张证书，这对回国找工作很有帮助。

彼得正认真地听录音、做练习，突然来了一位客人，是半个月以前认识的赵林。赵林邀请彼得去他家做客，还给了彼得一张名片。名片上写着他的住址和电话号码。彼得高兴地接受了邀请。

赵林冒雨来看自己，而且向自己道歉，彼得心中非常感动，他觉得赵林是一个很实在、很讲诚信的朋友。

1. 选择正确答案　Choose the right answer

（1）彼得为什么报名参加汉语水平考试？

A. 他一直在做准备

B. 他有机会来中国学习很不容易

C. 他要努力学习

D. 为了拿到一张证书

（2）彼得为什么觉得赵林是一个很实在的朋友？

A. 赵林邀请他去家里做客

B. 赵林给了他一张名片

C. 赵林冒雨来看自己，而且向自己道歉

D. 彼得心中非常感动

2. 复述课文　Retell the text

（三）写作练习　Writing

把课文改成叙述体，介绍彼得和赵林谈话的情况。

## 五 语法 Grammar

（一）动作行为的进行（2）　The progressive action (2)

在汉语里，动作行为的进行可以发生在过去、现在和将来。例如：

In Chinese, a progressive action can be in past, present or future tense. For example:

（1）昨天晚上，我去他宿舍找他的时候，他正看电视呢。

（2）你看，外面在下雨呢。

（3）明天上午9点你来找我的时候，我可能正在睡觉呢。

（二）动态助词“着”（1）　The aspectual particle “着” (1)

动态助词“着”用于述语动词之后，可表示动作状态的持续。例如：

The aspectual particle “着” is used after a predicative verb, which can indicate the continual state of an action. For example:

（1）外边下着大雨呢，你别回去了。

（2）现在还刮着大风呢。

### （三）结果补语（3） Resultative complement (3)

趋向补语的引申用法可转化为结果补语。

The extensional use of a directional complement can turn into a resultative complement.

1. 表示开始发生。例如：

It is used to indicate that it is starting to happen. For example:

（1）外边下上雨了，再坐一会儿吧。

（2）他见我不好意思，就笑开了。

（3）你怎么夸奖起我来了？

2. 表示达到一定数量或程度。例如：

It is used to indicate that it reaches a certain amount or degree. For example:

（1）他们班学到第三十五课了。

（2）你在这儿住上一年，就了解这儿的情况了。

3. 表示继续。例如：

It is used to indicate continuation. For example:

你说下去吧！

4. 表示终结。例如：

It is used to indicate the accomplishment. For example:

（1）他已经注意到了这种情况。

（2）我已经拿到证书了。

5. 表示状态变化。例如：

It is used to indicate the change of state. For example:

（1）病人又醒过来了。

（2）那件衣服收起来了。

Dì-sān kè
第三课

# 她去过许多地方

## 一 课文 Text

### （一）

假日旅游是贝拉最大的爱好。来北京两个月，她去过许多地方。她参观过北京世界公园，游览过长城和故宫；她曾经在颐和园的昆明湖划过船，也曾在动物园跟大熊猫照过相。可以说，北京的许多名胜古迹都留下过她的足迹。

贝拉准备学习结束以后，到中国各地旅行。她想游遍中国的山山水水。有个意大利朋友开玩笑地说："贝拉小姐，你是想当第二个马可·波罗吧？"贝拉笑着回答："应该说，第二个马可·波罗一定是贝拉小姐。"

### （二）

白　华：明天要考试了，你复习好了吗？

贝　拉：综合课就要复习完了，口语课还没复习呢。

白　华：听说考试结束以后，你想出去旅游一次，是吗？

贝　拉：是的。不过，还没拿定主意去哪儿。

白　华：去过天津吗？

贝　拉：没有。我听说天津是个大城市，离北京不远。

白　华：建议你去看看。天津的水上公园、食品一条街都很有名。

贝　拉：好，听您的。我周五下午就动身去天津。

白　华：我也想去天津，咱们俩一起去吧。

贝　拉：太好了！您也去天津玩儿？

白　华：不，我想回家看看父母。我是天津人。

贝　拉：咱们怎么去？

白　华：坐火车去吧，坐高铁三十分钟就到天津了。

## 二 生词 New words

| | | | |
|---|---|---|---|
| 1. 过 | （助） | guo | (an aspectual particle) |
| 2. 许多 | （数） | xǔduō | many, much, a lot of |
| 3. 假日 | （名） | jiàrì | holiday |
| 4. 旅游 | （动） | lǚyóu | to travel |
| 5. 参观 | （动） | cānguān | to visit |
| 6. 游览 | （动） | yóulǎn | to tour, to go sightseeing, to visit |
| 7. 曾经 | （副） | céngjīng | (indicating that an action once happened or a state once existed) |
| 曾 | （副） | céng | (indicating that an action once happened or a state once existed) |
| 8. 湖 | （名） | hú | lake |
| 9. 划 | （动） | huá | to row, to paddle |
| 10. 船 | （名） | chuán | boat, ship |
| 11. 动物园 | （名） | dòngwùyuán | zoo |
| 动物 | （名） | dòngwù | animal |
| 12. 大熊猫 | （名） | dàxióngmāo | panda |
| 13. 名胜 | （名） | míngshèng | a place famous for its scenery or historical relics |
| 14. 古迹 | （名） | gǔjì | historic site, place of historic interest, monument |
| 15. 留 | （动） | liú | to leave behind, to remain, to reserve |
| 16. 足迹 | （名） | zújì | footmark, footprint |

| | | | |
|---|---|---|---|
| 17. 各 | （代） | gè | each, every |
| 18. 游 | （动） | yóu | to rove around, to travel, to wander |
| 19. 遍 | （动、量） | biàn | all over, everywhere; a measure word for actions |
| 20. 山山水水 | | shānshānshuǐshuǐ | scenery with hills and streams |
| 21. 综合课 | （名） | zōnghékè | comprehensive class, integrated course |
| 综合 | （动） | zōnghé | to synthesize; comprehensive, integrated |
| 22. 食品 | （名） | shípǐn | food |
| 23. 有名 | （形） | yǒumíng | famous, well-known |
| 24. 动身 | （动） | dòngshēn | to set out on a journey, to leave (for a distant place) |
| 25. 俩 | （数量） | liǎ | two |
| 26. 火车 | （名） | huǒchē | train |
| 27. 高铁 | （名） | gāotiě | high-speed railway |

## 补充词汇　Supplementary words

| | | | |
|---|---|---|---|
| 1. 人生 | （名） | rénshēng | life |
| 2. 实现 | （动） | shíxiàn | to realize, to achieve |
| 3. 兵马俑 | （名） | bīngmǎyǒng | terracotta warriors and horses |
| 兵 | （名） | bīng | soldier, fighter |
| 马 | （名） | mǎ | horse |
| 4. 愿望 | （名） | yuànwàng | wish, desire, hope |
| 5. 烤鸭 | （名） | kǎoyā | roast duck |
| 烤 | （动） | kǎo | to bake, to roast, to toast |
| 鸭 | （名） | yā | duck |
| 6. 访问 | （动） | fǎngwèn | to visit, to interview |
| 7. 关于 | （介） | guānyú | about, on |
| 8. 贡献 | （名） | gòngxiàn | devotion, contribution |
| 9. 沿 | （介） | yán | along |

## 专名　Proper nouns

| | | |
|---|---|---|
| 1. 世界公园 | Shìjiè Gōngyuán | the World Park |

| | | |
|---|---|---|
| 2. 长城 | Chángchéng | the Great Wall |
| 3. 故宫 | Gùgōng | the Imperial Palace |
| 4. 昆明湖 | Kūnmíng Hú | Kunming Lake |
| 5. 马可·波罗 | Mǎkě Bōluó | Marco Polo |
| 6. 水上公园 | Shuǐshàng Gōngyuán | the Water Park |
| 7. 埃及 | Āijí | Egypt |
| 8. 加拿大 | Jiānádà | Canada |
| 9. 澳大利亚 | Àodàlìyà | Australia |
| 10. 桂林 | Guìlín | name of a city |
| 11. 西湖 | Xī Hú | the West Lake |
| 12. 美洲 | Měizhōu | America |
| 13. 非洲 | Fēizhōu | Africa |
| 14. 亚洲 | Yàzhōu | Asia |
| 15. 大洋洲 | Dàyángzhōu | Oceania |
| 16. 新疆 | Xīnjiāng | the Xinjiang Uygur Autonomous Region |

## 二 课堂练习 Exercises

### (一) 语音 Pronunciation

1. 朗读定调音节 Read aloud the syllables and pay attention to the tones

| | | | | |
|---|---|---|---|---|
| 都听 | 还听 | 也听 | 再听 | 听的 |
| 都读 | 还读 | 也读 | 再读 | 读的 |
| 都写 | 还写 | 也写 | 再写 | 写的 |
| 都看 | 还看 | 也看 | 再看 | 看的 |

2. 辨音辨调 Distinguish the sounds and tones

| | | | | | |
|---|---|---|---|---|---|
| jiàrì | 假日 | yóulǎn | 游览 | tòngkǔ | 痛苦 |
| jiérì | 节日 | yóuláng | 游廊 | dòngwù | 动物 |

| | | | | | |
|---|---|---|---|---|---|
| shīpiān | 诗篇 | yóumín | 游民 | huǒchē | 火车 |
| shípǐn | 食品 | yǒumíng | 有名 | huòchē | 货车 |
| gǔjì | 古迹 | rénshēng | 人生 | shénxian | 神仙 |
| zújì | 足迹 | rénshēn | 人身 | shíxiàn | 实现 |

3. 三音节声调　Tones of tri-syllables

| | | | |
|---|---|---|---|
| Yíhé Yuán | 颐和园 | dòngwùyuán | 动物园 |
| Yuánmíng Yuán | 圆明园 | cǎizhāiyuán | 采摘园 |
| kējìyuán | 科技园 | yóulèyuán | 游乐园 |
| zhíwùyuán | 植物园 | Dàguān Yuán | 大观园 |
| méiguiyuán | 玫瑰园 | yùhuāyuán | 御花园 |
| mǔdanyuán | 牡丹园 | yòu'éryuán | 幼儿园 |

4. 重音　Stress

| | | | | | |
|---|---|---|---|---|---|
| (1) | 吃了 | 说了 | 写了 | 开始了 | 复习了 |
| (2) | 拿着 | 说着 | 看着 | 站着 | 坐着 |
| (3) | 走过 | 学过 | 看过 | 参观过 | 游览过 |
| (4) | 我的书 | 他们的本子 | 老师的家 | 美好的故事 | 悠久的历史 |
| (5) | 高兴地说 | 慢慢地走 | 仔细地看 | 认真地写 | 努力地学习 |
| (6) | 写得很快 | 走得很慢 | 说得很清楚 | 洗得很干净 | 收拾得很整齐 |

## （二）词语　Words and phrases

从本课生词表中选择合适的词语填空　Fill in the blanks with the appropriate new words from this lesson

（1）北京有悠久的历史，________很多。

（2）我要是有________钱，就去全世界________。

(3) 你________过长城吗？

(4) 我们学校有不少________的教授。

(5) 小丁________去过意大利。

(6) 学习结束以后，我要去西安参观________。

(7) 昨天我看见小李和女朋友在昆明湖________。

(8) 我的房间都找________了，也没找到我的词典。

(9) 孩子们最喜欢去________看大熊猫了。

(10) 请你再念一________。

(11) 贝拉明天坐________去天津。

(12) 中国的许多名胜古迹都________下过马可·波罗的________。

(13) 贝拉来中国旅游的________实现了。

## （三）句型　Sentence patterns

替换　Substitution

(1) 她去过许多地方。

美国　韩国　日本　法国　埃及　意大利　加拿大　澳大利亚

(2) A：你以前学过汉语吗？

B：我以前学过汉语。（我以前没学过汉语。）

| | |
|---|---|
| 吃 | 烤鸭 |
| 喝 | 茅台酒 |
| 看 | 京剧 |
| 得 | 感冒 |
| 参观 | 世界公园 |
| 参观 | 西安兵马俑 |
| 游览 | 长城和故宫 |
| 游览 | 北海和颐和园 |
| 游览 | 桂林山水 |
| 游览 | 杭州西湖 |

（3）A：你去过上海吗？

B：我去过上海。

A：你去过几次上海？

B：我去过一次上海。

| | |
|---|---|
| 天津 | 两 |
| 南京 | 三 |
| 广州 | 四 |
| 杭州 | 五 |
| 苏州 | 六 |
| 西安 | 两 |
| 青岛 | 三 |
| 大连 | 四 |
| 桂林 | 五 |
| 长城 | 六 |

（4）A：你找过他吗？

B：我找过他。

A：你找过他几次？

B：我找过他一次。

见　请　帮　问　罚　访问　批评　表扬

（5）明天要考试了。

比赛　结婚　报名　开始　开学　结束　回国　表演

（四）按照下列情景，用本课句型说话　Have a conversation on the following topics with the patterns in the text

（1）你跟你的朋友谈去过哪些地方旅游。

（2）你跟你的朋友谈准备去什么地方旅游。

## 四 家庭作业 Homework

（一）词语　Words and phrases

用下列生词至少组成两个短语　Make at least two phrases with each of the following words

（1）许多：________ ________　　（2）有名：________ ________

（3）实现：________ ________　　（4）游览：________ ________

（5）曾经：________ ________　　（6）贡献：________ ________

（7）愿望：________ ________　　（8）动身：________ ________

（二）句型　Sentence patterns

用"了"或"过"填空　Fill in the blanks with "了" or "过"

（1）我去________三次颐和园，没去________香山。

（2）我找________他两次，可是都没找到他。

（3）他没吃________北京烤鸭。

（4）来中国以前我没学________汉语。

（5）我买________四个本子和两支圆珠笔。

（6）昨天我下________课就去邮局________。

（7）来中国以后，我得________两次感冒。

（8）得________感冒以后，应该好好休息。

（9）那本书我看________，是马可·波罗写的。

（10）我跟他只见________一面，后来再也没见________。

（11）这些生词我念________一遍就记住了。

（12）这些生词我念________好几遍________，可还是记不住。

（三）阅读　Reading

**贝拉的愿望实现了**

贝拉非常爱好旅游，她去过美洲的加拿大、非洲的埃及、亚洲的日本、大洋洲的澳大利亚。每到一个地方，她都照很多相片留作纪念。

来中国旅游是贝拉多年的愿望。她读过很多关于中国历史文化的书和杂志，知道中国是个历史悠久的国家，有很多名胜古迹。她还了解到有个叫马可·波罗的意大利旅行家曾经在中国生活过十七年，游遍了中国的山山水水，为中意两国人民的互相了解做出了很大贡献。她认为，不来中国看看是人生最大的遗憾。

今年七月，贝拉的愿望实现了。她来到中国，在一所大学的短期班学习汉语。贝拉来中国有两个目的，一是学习汉语，二是在中国旅游。她准备学习结束后先去中国南方看看，然后沿丝绸之路往西走，再从中国新疆回国。

1. 读后回答　Answer the following questions after reading

（1）这篇短文的主要意思是什么？

（2）第一段的主要意思是什么？

（3）第二段的主要意思是什么？

（4）第三段的主要意思是什么？

2. 复述课文　Retell the text

（四）写作练习　Writing

把课文（二）改成叙述体，介绍贝拉考试结束以后的打算。

## 五 语法 Grammar

### （一）动态助词“过”　The aspectual particle “过”

动态助词“过”表示存在某种经历，既可用于过去发生的事实，也可用于将来发生的事实。例如：

The aspectual particle “过” indicates a certain experience. It can be used with a past fact as well as a fact in the future. For example:

（1）以前，我去过美国。（过去）

（2）明年这时候，我可能去过天津了。（将来）

用“没（有）”或“不会/不可能”否定。

“没（有）” or “不会/不可能” is used to form the negative sentence.

**注意：**（1）否定形式，仍保留动态助词“过”；（2）用“没（有）”否定时，如果否定过去某一时点到说话时为止的经历，句尾要加动态助词“了$_2$”。试比较：

**Points for attention:** (1) The aspectual particle “过” is remained in the negative form. (2) when “没（有）” is used in the negative form, the aspectual particle “了$_2$” should be used at the end of the sentence for negating the experience from a certain time point to the moment of speaking. Compare the following sentences:

（3）他以前没学过汉语。

（4）我好久没去过公园了。

## （二）动量补语(2)　Momentum complement (2)

数词与量词“次、遍、回”等所构成的数量短语可充当动量补语。例如：

The numeral classifier phrases composed of numerals and classifiers “次” “遍” or “回” can function as momentum complements. For example:

（1）那个地方，我去过一次。

（2）这篇课文，他念三遍了。

**注意：**代词或以代词为定语的名词短语做宾语时，动量补语一般位于宾语之后。例如：

**Point for attention:** When a pronoun or a nominal phrase composed by a pronoun functioned as an attributive is used as an object, the momentum complement is usually placed after the object. For example:

（3）我去过他家一次。

### （三）动态助词"了$_2$"（3）　The aspectual particle "了$_2$" (3)

动态助词"了$_2$"可与表示"将要"义的副词"要"搭配使用，构成"要……了$_2$"格式。例如：

The aspectual particle "了$_2$" can be used with the adverb "要" indicating "will, to be going to" for forming the construction "要……了$_2$". For example:

（1）王老师要来了。

（2）比赛要开始了。

（3）他们要进行第二次比赛了。

（4）要下课了。

## 六 注释 Notes

**马可·波罗（1254—1324）**

意大利旅行家。公元1275年他来到中国，曾到过新疆、甘肃、内蒙古、陕西、四川、云南、江苏、山东、浙江、福建、北京等地，在中国一共度过了十七年，回国后写出了著名的《马可·波罗行纪》。

**Marco Polo (1254—1324)**

He was an Italian tourist and came to China in A.D. 1275. Later he went to many places such as Xinjiang, Gansu, Nei Monggol, Shaanxi, Sichuan, Yunnan, Jiangsu, Shandong, Zhejiang, Fujian, Beijing and so on. He lived in China for seventeen years. After he went back to Italy, he wrote a famous book entitled *Marco Polo's Travel Notes*.

Dì-sì kè
# 第四课 戒烟

## 一 课文 Text

王欢下班回家，进了屋子以后，先看了看，见妻子还没回来，就放心地点上一支烟，坐在沙发上抽了起来。

刚抽了两口，突然，厕所门开了，妻子走了出来……

王　妻：好哇，你又偷偷抽烟了！

王　欢：原来你在家呀，我以为你还没下班呢。你是什么时候到家的？

王　妻：我不在家，你就偷偷抽烟哪？

王　欢：这不是我买的烟，是朋友送的喜烟。

王　妻：你又在骗我，这个月你抽了三次喜烟了！

王　欢：这回是真的。我还给你带喜糖回来了呢。你尝尝，挺甜。

王　妻：我问你，这盒儿烟是什么时候送你的？

王　欢：今天上午。

王　妻：抽了几支了？

王　欢：五支。抽完这支就再也不抽了，还不行吗？

王　妻：不行，现在就别抽了。吸烟对自己的身体有害，而且还影响别人的健康，你知道不知道？

王　欢：知道。可我爸爸抽了四十年的烟了，身体不也好好的吗？

王　妻：可是你妈不到六十岁就去世了。

王　欢：那也不全是我爸爸抽烟的过错呀！

王　妻：别狡辩！告诉你，再不戒烟，咱们就——

王　欢：就怎么样？

王　妻：就离婚！

晚上，卧室墙上贴出一张保证书，上面写着：

为了我和妻子的健康，也为了周围所有人的健康，本人决定：从明天起开始戒烟。

## 二 生词 New words

| | | | |
|---|---|---|---|
| 1. 戒 | （动） | jiè | to give up, to quit, to stop |
| 2. 烟 | （名） | yān | cigarette, tobacco, smoke |
| 3. 点 | （动） | diǎn | to light, to burn, to kindle |
| 4. 抽 | （动） | chōu | to smoke, to obtain by drawing |
| 5. 偷偷 | （副） | tōutōu | stealthily, secretly, covertly |
| 偷 | （动、副） | tōu | to steal; stealthily, secretly, covertly |
| 6. 以为 | （动） | yǐwéi | to think, to believe ( usually erroneously ) |
| 7. 喜糖 | （名） | xǐtáng | sweets for entertaining friends and relatives at a wedding |
| 喜 | （形） | xǐ | delighted, pleased |
| 糖 | （名） | táng | candy, sugar |
| 8. 甜 | （形） | tián | sweet |
| 9. 盒儿 | （名） | hér | box, case |
| 10. 吸 | （动） | xī | to breathe in, to draw, to inhale |

| | | | |
|---|---|---|---|
| 11. 有害 | （形） | yǒuhài | harmful |
| 12. 影响 | （动、名） | yǐngxiǎng | to influence, to affect; influence |
| 13. 去世 | （动） | qùshì | to die, to pass away |
| 14. 过错 | （名） | guòcuò | fault, mistake |
| 15. 狡辩 | （动） | jiǎobiàn | to quibble, to indulge in sophistry |
| 16. 离婚 | （动） | líhūn | to divorce |
| 17. 卧室 | （名） | wòshì | bedroom |
| 18. 保证书 | （名） | bǎozhèngshū | letter of guarantee, warranty |
| 保证 | （动） | bǎozhèng | to assure, to pledge, to guarantee |
| 19. 为了 | （介） | wèile | for, in order to, for the sake of |
| 20. 周围 | （名） | zhōuwéi | around, surrounding |
| 21. 所有 | （形） | suǒyǒu | all |
| 22. 本 | （代） | běn | one's own |
| 23. 决定 | （动） | juédìng | to decide, to make up one's mind |

## 补充词汇　Supplementary words

| | | | |
|---|---|---|---|
| 1. 刚才 | （名） | gāngcái | just now, a short while ago |
| 2. 毕业 | （动） | bìyè | to graduate |
| 3. 生气 | （动） | shēngqì | to take offence, to get angry |
| 4. 体重 | （名） | tǐzhòng | weight |
| 5. 增加 | （动） | zēngjiā | to increase, to raise |
| 6. 伪劣 | （形） | wěiliè | false and inferior |
| 7. 叔叔 | （名） | shūshu | uncle |
| 8. 打的 | （动） | dǎdī | to take a taxi |
| 9. 无轨电车 | | wúguǐ-diànchē | trolleybus |
| 电车 | （名） | diànchē | tram, tramcar |
| 10. 地铁 | （名） | dìtiě | subway |
| 地下 | （名） | dìxià | underground |
| 铁路 | （名） | tiělù | railway |
| 11. 转 | （动） | zhuàn | to stroll, to hang around |
| 12. 成功 | （动） | chénggōng | to succeed, to achieve a success |
| 13. 掉 | （动） | diào | off, away, out (usually used after a verb, indicating the result) |

| | | | |
|---|---|---|---|
| 14. 倒 | （副） | dào | indicating sth. unexpected, but, on the contrary |
| 15. 灵 | （形） | líng | effective |
| 16. 说不定 | （副） | shuōbudìng | perhaps, maybe |

## 二 课堂练习 Exercises

### （一）语音 Pronunciation

1. 朗读定调音节 Read aloud the syllables and pay attention to the tones

| | | | | |
|---|---|---|---|---|
| 都听 | 还听 | 也听 | 再听 | 听的 |
| 都读 | 还读 | 也读 | 再读 | 读的 |
| 都写 | 还写 | 也写 | 再写 | 写的 |
| 都看 | 还看 | 也看 | 再看 | 看的 |

2. 辨音辨调 Distinguish the sounds and tones

| | | | | | |
|---|---|---|---|---|---|
| yǐwéi | 以为 | yīnxiǎng | 音响 | wèishì | 卫士 |
| yīnwei | 因为 | yǐngxiǎng | 影响 | wòshì | 卧室 |
| tóngzhì | 同志 | gāncài | 干菜 | bànyè | 半夜 |
| tōngzhī | 通知 | gāngcái | 刚才 | bìyè | 毕业 |
| fùjìn | 附近 | shénqì | 神气 | yǎnjing | 眼睛 |
| fùqin | 父亲 | shēngqì | 生气 | yǎnjìng | 眼镜 |

3. 三音节声调 Tones of tri-syllables

| | | | |
|---|---|---|---|
| shuōmíngshū | 说明书 | báipíshū | 白皮书 |
| gōngjùshū | 工具书 | hóngpíshū | 红皮书 |

| | | | |
|---|---|---|---|
| cānkǎoshū | 参考书 | lánpíshū | 蓝皮书 |
| shēnqǐngshū | 申请书 | xiéyìshū | 协议书 |
| bǎozhèngshū | 保证书 | zhèngmíngshū | 证明书 |
| zhěnduànshū | 诊断书 | pànjuéshū | 判决书 |
| qǐsùshū | 起诉书 | kòngsùshū | 控诉书 |
| qǐngyuànshū | 请愿书 | jiàndìngshū | 鉴定书 |

4. 重音　Stress

| | | | |
|---|---|---|---|
| (1) 说了说 | 谈了谈 | 写了写 | 念了念 |
| (2) 猜了猜 | 尝了尝 | 找了找 | 笑了笑 |
| (3) 搬了搬 | 玩儿了玩儿 | 走了走 | 问了问 |
| (4) 穿了穿 | 骑了骑 | 想了想 | 试了试 |

## (二) 词语　Words and phrases

从本课生词表中选择合适的词语填空　Fill in the blanks with the appropriate new words from this lesson

(1) 金汉成的奶奶是前年________的。

(2) 学校________有很多商店。

(3) 请问，________有厕所吗？

(4) 那个小孩子的爸爸妈妈不在家，他________着抽烟。

(5) 有人________吃了贝拉的面包，她很________。

(6) 别说了，外面有人________听。

(7) 丁兰，什么时候吃你的________？

(8) 别________烟了，戒了吧。

(9) 这个房间是王欢和他爱人的________。

(10) 最近他身体一直不好，可是没有________学习。

(11) 考试前她感冒了，没复习好，________了这次考试的成绩。

(12) 都十二点了，别看电视了，不要________别人休息。

(13) 父亲母亲的习惯对孩子有很大________。

(14) 抽烟对健康有不好的________。

(15) 我不喜欢吃________的食品。

(16) 他坐在沙发上________烟呢。

(17) 我最近吃了太多甜食，体重________了三公斤。

(18) 王欢受骗了，他买了________产品。

## (三) 句型 Sentence patterns

### 1. 替换 Substitution

(1) A：你是什么时候回来的？

B：我是前天回来的。

| | |
|---|---|
| 回国 | 去年五月 |
| 到家 | 刚才 |
| 回学校 | 下午四点 |
| 毕业 | 前年 |
| 来中国 | 去年九月 |
| 去广州 | 上个月 |
| 告诉他 | 昨天 |
| 通知他们 | 今天上午 |

(2) A：他是从哪儿来的？

B：他是从美国来的。

A：他是跟谁一起来的？

B：他是跟他哥哥一起来的。

| | |
|---|---|
| 法国 | 他父亲 |
| 埃及 | 他叔叔 |
| 加拿大 | 他姐姐 |
| 澳大利亚 | 他弟弟 |
| 南京 | 他朋友 |

| | |
|---|---|
| 西安 | 他爱人 |
| 青岛 | 他妻子 |
| 大连 | 他女儿 |

(3) A：你们是怎么去天津的？

B：我们是坐火车去天津的。

| | |
|---|---|
| 广州 | 坐飞机 |
| 上海 | 坐船 |
| 北海公园 | 坐公共汽车 |
| 颐和园 | 打的 |
| 动物园 | 坐无轨电车 |
| 医院 | 坐地铁 |
| 超市 | 骑自行车 |

(4) 他们已经赛上了足球。

| | |
|---|---|
| 听 | 广播 |
| 看 | 电视 |
| 洗 | 澡 |
| 游 | 泳 |
| 滑 | 冰 |
| 吃 | 午饭 |
| 喝 | 咖啡 |

(5) 他们班学了四十课了。

| | | |
|---|---|---|
| 他 | 看 | 五十页 |
| 他 | 学会 | 四首中国歌 |
| 他 | 做 | 五个练习题 |
| 他 | 查 | 十七个生词 |
| 他 | 长到 | 一米八 |
| 他 | 复习 | 十课 |
| 他 | 翻译 | 九个句子 |
| 他 | 回答 | 六个问题 |

（6）他又念了下去。

说　看　写　画　唱　喝　干　做　猜

（7）我做完了练习了。

| | |
|---|---|
| 喝 | 咖啡 |
| 吃 | 晚饭 |
| 量 | 体温 |
| 发 | 言 |
| 搬 | 家 |
| 洗 | 澡 |
| 寄 | 包裹 |
| 擦 | 窗户 |
| 填 | 表 |

（8）你要好好地学习。

| | |
|---|---|
| 好好 | 工作 |
| 慢慢 | 吃 |
| 慢慢 | 走 |
| 多多 | 练习 |
| 多多 | 复习 |
| 早早 | 来 |

（9）他打扫得干干净净。

| | |
|---|---|
| 收拾 | 整整齐齐 |
| 穿 | 漂漂亮亮 |
| 讲 | 明明白白 |
| 写 | 清清楚楚 |
| 来 | 匆匆忙忙 |
| 说 | 简简单单 |
| 写 | 整整齐齐 |
| 介绍 | 清清楚楚 |

（10）我在他家 坐了坐就回来了。

| | |
|---|---|
| 在那儿 | 看 |
| 在门口 | 等 |
| 在外边 | 瞧 |
| 在附近 | 转 |
| 在商店 | 逛 |
| 在操场 | 跑 |
| 跟小刘 | 聊 |
| 跟郑老师 | 谈 |

2. 回答问题（先否定，再用所给词语做肯定回答） Answer the following questions (Give a negative answer first, then give an affirmative one with the words given in brackets)

（1）你是昨天来的吗？ （前天）

（2）你们是前年毕业的吗？ （去年）

（3）你是星期日遇见她的吗？ （星期六）

（4）他是从宿舍来的吗？ （图书馆）

（5）她是跟艾米一起来的吗？ （大内）

（6）你是骑自行车去的吗？ （走着）

（7）你们是坐公共汽车去的吗？ （打的）

（8）他们是坐火车来的吗？ （飞机）

（9）你是坐船去的广州吗？ （火车）

（10）你们是坐火车去的天津吗？ （汽车）

（四）按照下列情景，用本课句型说话 Have a conversation on the following topics with the patterns in the text

（1）你劝你的朋友不要抽烟。

（2）你劝你的朋友不要喝酒。

## 四 家庭作业 Homework

### （一）词语 Words and phrases

1. 用下列生词至少组成两个短语 Make at least two phrases with each of the following words

（1）影响：________ ________　　（2）保证：________ ________

（3）决定：________ ________　　（4）以为：________ ________

（5）为了：________ ________　　（6）毕业：________ ________

（7）增加：________ ________　　（8）周围：________ ________

2. 用指定的词语改写句子 Rewrite the following sentences with the words given

（1）大家都觉得贝拉明天才回来，没想到她昨天就回来了。（以为）

（2）我觉得她不喜欢这个电影，但没想到她看过三遍。（以为）

（3）艾米感冒了，我想她不去长城了。（以为）

（4）我还没拿定主意什么时候回国。（决定）

（5）我已经拿定主意了，下星期去西安旅行。（决定）

（6）我告诉他们，三天一定翻译完这本书。（保证）

（7）我以后一定每天来上课。（保证）

（8）这是我自己的决定。（本人）

（9）我姓李，叫李朋。（本人）

（10）这是他自己告诉我的。（本人）

### （二）阅读 Reading

**以后再戒一次**

王欢两次戒烟都没有成功。

第一次是去年。妻子给他买来两袋儿糖，说："你一想抽烟，就吃一块儿糖，慢慢地就不想抽烟了。"结果，两袋儿糖全吃了，烟也没戒掉，王欢的体重倒增加了三公斤。

第二次是今年。妻子买了一种叫“戒烟灵”的进口药，听说这种药很灵。结果是，两盒儿药吃完了，王欢还是一直在抽烟。王欢生气地说：“这药有问题，说不定是伪劣产品！”妻子说：“为了自己的身体，也为了不影响别人的健康，你一定得戒烟。”

王欢决定第三次戒烟，可是他自己也不知道这次能不能成功。他保证，要是这次不成功，以后再戒一次。

1. 选择正确答案　Choose the right answer

（1）王欢第一次戒烟没有成功的原因是什么？

A. 妻子给他买来两袋儿糖

B. 他吃了两袋儿糖

C. 体重增加了

D. 他本人不想戒烟

（2）王欢第二次戒烟没有成功的原因是什么？

A. 妻子买了“戒烟灵”

B. “戒烟灵”不灵

C. 他本人不想戒烟

D. 为了第三次戒烟成功

（3）王欢为什么决定第三次戒烟？

A. 妻子让他戒烟

B. 为了自己和别人的身体健康

C. 为了戒烟成功

D. 为了以后再戒一次

2. 复述课文　Retell the text

## （三）写作练习　Writing

把课文改成叙述体，介绍王欢和妻子的谈话内容。

## 五 语法 Grammar

### （一）“是……的”句（1）　是……的-sentence (1)

在汉语里，当我们要强调已然性事件发生的时间、处所、方式等信息时，通常要用“是……的”句。“是……的”句有多种格式，其中最常见的是：

In Chinese，是……的-sentence is used to stress the time, place or manner of a past action. There are several patterns of 是……的-sentence, the most commonly used one is as follows:

主语 + 是 + 状语 + 述语 （+补语） （+宾语） + 的

subject + 是 + adverbial + predicative （+complement） （+object） + 的

For example:

（1）你是什么时候到家的？

（2）他不是在朋友家认识赵先生的。

**注意：**“是……的”句只能用于过去发生的事实。

**Point for attention:** 是……的-sentence is only used for the past fact.

### （二）动态助词“了$_1$”（2）　The aspectual particle “了$_1$” (2)

动态助词“了$_1$”可表示动作过程发展阶段的实现。例如：

The aspectual particle “了$_1$” can indicate the realization of a stage in the process of an action. For example:

（1）他们已经赛上了足球。

（2）他们班学到了四十课了。

（3）他又念了下去。

（4）他做完了练习了。

**注意：**“了$_1$”或跟“了$_2$”搭配使用，或述语前边有状语，否则句子不能成立。

**Point for attention:** The aspectual particle “了$_1$” should be used either with “了$_2$” or with a predicative preceded by an adverbial, otherwise the sentence is incorrect.

### （三）形容词重叠　Adjective reduplication

有些口语中常用的形容词可以重叠。单音节形容词重叠式为AA，双音节形容词重叠式一般为AABB。无论哪种形式，都重在描写，如“好好地学”“写得大大的”“高高兴兴的样儿”“打扫得干干净净”。

In spoken language, some commonly used adjectives can be reduplicated. The reduplication form for monosyllabic adjectives is AA, and for disyllabic adjectives is usually AABB. Both forms stress on the description, such as “好好地学” “写得大大的” “高高兴兴的样儿” “打扫得干干净净”.

**注意：**（1）有些形容词不能重叠，如“错”“累”“好看”“系统”等。（2）重叠式前边不能加程度副词。

**Points for attention:** (1) Some adjectives can not be reduplicated, such as “错” “累” “好看” “系统” and so on. (2) Before the reduplication form, a degree adverb can not be used.

### （四）动词重叠（2）　Verb reduplication (2)

已然性自主动作动词也可以重叠，但限于单音节的。其重叠形式为“A了A”，如“看了看”“笑了笑”。

The past action of volitional verbs can also be reduplicated, but be limited to monosyllabic ones. The reduplication form is “A了A”, such as “看了看” “笑了笑”.

# Dì-wǔ kè 第五课 味道好极了

## 一 课文 Text

（一）

山本正是班里的“美食家”。他常对朋友说，中国菜在世界上非常有名，日本的每个大城市里都有中国饭馆儿。有人只觉得中国菜好吃，可是他不知道中国菜里还有文化，有学问。就拿菜名儿来说，学问可大了！

山本正来中国以后，去不少饭店吃过饭。什么川菜、鲁菜，还有当地小吃，他差不多都品尝过。不过，比较起来，他还是更喜欢清淡一些的广东菜。

今天，方云天告诉他，学校附近新开了一家四川风味的餐厅，生意很好。两个人商量了一下儿，就去找大内，请她一起去这家餐厅吃晚饭。

（二）

（大内上子正在宿舍楼下的咖啡馆里看书）

山　本：上子，快到吃饭时间了，还在这儿看书呢？

大　内：是你们二位呀。怎么，找我有事儿吗？

山　本：有事儿。不过你得答应我们，只许说“行”，不许说“不行”。

大　内：什么事儿？

方云天：请你吃饭，我和山本请客。

大　内：谢谢二位的关照，我当然说“行”了。去附近的饭馆儿还是去美食城?

方云天：学校南门有一家四川风味的餐厅刚刚营业，咱们一块儿去尝尝。

大　内：正好，我还没吃过四川菜呢。

山　本：四川菜是中国八大菜系之一，非常有名。

方云天：我听一个朋友说，那家餐厅的水煮牛肉很受欢迎。

大　内：水煮牛肉油腻吗？我最怕油腻了。

山　本：是吗？记得有一次咱们一起吃红烧猪手的时候，你一边吃很肥的肉，一边对我说——

大　内：说什么？

山　本：味道好极了！

## 二 生词 New words

| | | | |
|---|---|---|---|
| 1. 美食家 | （名） | měishíjiā | gourmet |
| 美 | （形） | měi | beautiful, pretty, good, satisfactory |
| 食 | | shí | food |
| 2. 饭馆儿 | （名） | fànguǎnr | restaurant |
| 3. 学问 | （名） | xuéwen | knowledge, scholarship |
| 4. 拿……来说 | | ná…lái shuō | to take…as an example |
| 5. 菜名儿 | （名） | càimíngr | name of a dish |
| 名儿 | （名） | míngr | name |
| 6. 可……了 | | kě…le | very |
| 7. 饭店 | （名） | fàndiàn | restaurant, hotel |
| 8. 当地 | （名） | dāngdì | local |
| 9. 小吃 | （名） | xiǎochī | snack |
| 10. 差不多 | （副） | chàbuduō | almost, nearly |
| 11. 品尝 | （动） | pǐncháng | to taste |
| 12. 比较 | （动） | bǐjiào | to compare |

| | | | |
|---|---|---|---|
| 13. 清淡 | （形） | qīngdàn | light, weak, not greasy or strongly flavored |
| 14. 风味 | （名） | fēngwèi | special flavor, local color |
| 15. 答应 | （动） | dāying | to agree, to promise, to reply |
| 16. 许 | （动） | xǔ | to allow, to permit |
| 允许 | （动） | yǔnxǔ | to allow, to permit |
| 17. 关照 | （动） | guānzhào | to keep an eye on, to look after |
| 18. 美食城 | （名） | měishíchéng | foodcity, snackcity |
| 19. 一块儿 | （副） | yíkuàir | together |
| 20. 正好 | （副、形） | zhènghǎo | just right, just in time |
| 21. ……之一 | | …zhī yī | one of… |
| 22. 水煮牛肉 | | shuǐzhǔ niúròu | name of a dish |
| 肉 | （名） | ròu | meat |
| 23. 油腻 | （形） | yóunì | greasy, oily |
| 24. 记得 | （动） | jìde | to remember, to recall |
| 25. 红烧猪手 | | hóngshāo zhūshǒu | name of a dish |
| 红烧 | （动） | hóngshāo | braised in soy sauce |
| 猪手 | （名） | zhūshǒu | pork feet |
| 猪 | （名） | zhū | pig |
| 26. 肥 | （形） | féi | fat, greasy |

## 补充词汇 Supplementary words

| | | | |
|---|---|---|---|
| 1. 建筑 | （动、名） | jiànzhù | to build, to construct; building, structure |
| 建 | （动） | jiàn | to build, to construct |
| 2. 设计 | （动、名） | shèjì | to design, to plan; design |
| 3. 闻名 | （动） | wénmíng | to be famous, to be well-known |
| 4. 政府 | （名） | zhèngfǔ | government |
| 5. 辣 | （形） | là | hot, spicy |
| 6. 几乎 | （副） | jīhū | almost, nearly |
| 7. 增长 | （动） | zēngzhǎng | to increase, to broaden |
| 8. 蛇 | （名） | shé | snake |
| 9. 东坡肉 | （名） | dōngpōròu | name of a dish |
| 10. 既……又…… | | jì…yòu… | and, as well as |
| 11. 美味佳肴 | | měiwèi jiāyáo | delicious food, excellent meal |

| | | | |
|---|---|---|---|
| 12. 运动 | （名） | yùndòng | sports, movement |
| 13. 网球 | （名） | wǎngqiú | tennis |
| 14. 排球 | （名） | páiqiú | volleyball |
| 15. 保龄球 | （名） | bǎolíngqiú | bowling |
| 16. 高尔夫球 | （名） | gāo'ěrfūqiú | golf |
| 17. 乒乓球 | （名） | pīngpāngqiú | table tennis, ping-pong |
| 18. 羽毛球 | （名） | yǔmáoqiú | badminton |

**专名　Proper nouns**

| | | |
|---|---|---|
| 1. 鲁 | Lǔ | the abbreviated name of Shandong Province |
| 2. 广东 | Guǎngdōng | name of a province |
| 3. 四川 | Sìchuān | name of a province |
| 川 | Chuān | the abbreviated name of Sichuan Province |
| 4. 山东 | Shāndōng | name of a province |
| 5. 欧洲 | Ōuzhōu | Europe |

## 二 课堂练习 Exercises

### （一）语音　Pronunciation

1. 朗读定调音节　Read aloud the syllables and pay attention to the tones

| | | | | |
|---|---|---|---|---|
| 都听 | 还听 | 也听 | 再听 | 听的 |
| 都读 | 还读 | 也读 | 再读 | 读的 |
| 都写 | 还写 | 也写 | 再写 | 写的 |
| 都看 | 还看 | 也看 | 再看 | 看的 |

2. 辨音辨调　Distinguish the sounds and tones

| | | | | | |
|---|---|---|---|---|---|
| wèidao | 味道 | xuéwen | 学问 | fēndiàn | 分店 |
| wàidao | 外道 | xiéwén | 斜纹 | fàndiàn | 饭店 |

| | | | | | |
|---|---|---|---|---|---|
| zhènghòu | 症候 | báijiǔ | 白酒 | jiànzhèng | 见证 |
| zhènghǎo | 正好 | páiqiú | 排球 | jiànzhù | 建筑 |
| | | | | | |
| shèjì | 设计 | wénmíng | 闻名 | yǔnxǔ | 允许 |
| shìjì | 世纪 | rénmíng | 人名 | wúyǔ | 无语 |

3. 三音节声调　Tones of tri-syllables

| | | | |
|---|---|---|---|
| zhūbǎodiàn | 珠宝店 | wénjùdiàn | 文具店 |
| zhōngbiǎodiàn | 钟表店 | xiémàodiàn | 鞋帽店 |
| xiūlǐdiàn | 修理店 | cháyèdiàn | 茶叶店 |
| pīfādiàn | 批发店 | língshòudiàn | 零售店 |
| | | | |
| xiǎochīdiàn | 小吃店 | fúzhuāngdiàn | 服装店 |
| kǎoyādiàn | 烤鸭店 | shípǐndiàn | 食品店 |
| lǐfàdiàn | 理发店 | fùshídiàn | 副食店 |
| shuǐguǒdiàn | 水果店 | bǎihuòdiàn | 百货店 |

4. 重音　Stress

(1) 我明天一定去。

(2) 请前边上车。

(3) 他们都学习汉语。

(4) 他认真地做练习。

(5) 你慢慢地说。

(6) 我很了解他。

(7) 我从宾馆走。

## （二）词语 Words and phrases

1. 从本课生词表中选择合适的词语填空 Fill in the blanks with the appropriate new words from this lesson

（1）我们学校附近有不少________。

（2）我刚到这里，请您多多________。

（3）这些小吃，我们都应该________一下。

（4）你来得________，我正要去找你。

（5）我跟你们________去，行吗？

（6）张教授很有________，他写了好几本书。

（7）你不是喜欢吃________的菜吗？这是广东菜，比较________。

（8）大内上子会做中国菜，她做的菜________好吃________。

（9）________非常关心教师的生活，今年为教师建了很多新的宿舍楼。

（10）这个建筑很有特色，是谁________的？

（11）我不太喜欢四川菜，四川菜太________了。

（12）这是一家山东________的饭馆儿，咱们进去品尝品尝怎么样？

（13）长城是世界________的伟大（wěidà）建筑。

（14）北京的名胜古迹我________去遍了。

（15）跟有学问的人在一起，可以________知识。

2. 用本课生词回答问题 Answer the following questions, using the new words in this lesson

（1）你们班有“美食家”吗？

（2）谁是“美食家”？

（3）你常去饭馆儿吃饭吗？

（4）你喜欢去学校食堂吃还是去饭馆儿吃？

（5）你怕蛇吗？

（6）你吃过四川菜吗？

（7）你们班有属蛇的吗？

（8）你吃过红烧猪手吗？

（9）你吃过水煮牛肉吗？

（三）按照下列情景，用本课句型说话　Have a conversation on the following topics with the patterns in the text

（1）你请你的朋友去看电影。

（2）你请朋友去四川风味的餐厅吃饭。

（四）功能会话：听后模仿　Functional conversations: listen and imitate

1. 询问病情　Asking about the state of illness

（1）A：你怎么了？

B：头疼，发烧。

（2）A：你哪儿不舒服？

B：咳嗽，嗓子疼。

（3）A：您觉得哪儿不舒服？

B：头疼，发烧。

（4）A：您是从什么时候开始不舒服的？

B：从前天开始就咳嗽、发烧了。

（5）A：吃饭怎么样？

B：我什么东西都不想吃。

（6）A：大小便正常吗？

B：正常。

（7）A：您现在觉得好点儿了吗？

B：好多了。

2. 询问价钱　Asking about the price

（1）A：这袜子多少钱一双？

B：这袜子12块一双。

（2）A：这苹果一斤多少钱？

B：这苹果一斤三块五。

3. 询问天气　Asking about the weather

（1）A：你们国家夏天不这么热吧？

B：我们国家夏天也这么热。

（2）A：你听天气预报了吗？

B：听了。今天白天晴，最高气温32℃。

（3）A：明天天气怎么样？

B：天气预报说，明天有中雨。

（4）A：明天什么天儿？

B：看样子明天是好天儿。

（5）A：明天有雨吗？

B：没雨，有四五级风。

4. 称赞　Compliments

（1）A：还挺谦虚呢。

B：跟中国朋友学的。

（2）A：还挺客气呢。

B：哪里哪里。

5. 遗憾　Regrets

（1）A：真遗憾！

B：你遗憾什么？

A：要是今天也是我的生日，该多好！

（2）A：真遗憾！

B：你遗憾什么？

A：白老师要是来，该多好！

## 四 家庭作业 Homework

（一）词语　Words and phrases

用下列生词至少组成两个短语　Make at least two phrases with each of the following words

（1）学问：________ ________　　（2）设计：________ ________

（3）建筑：________ ________　　（4）正好：________ ________

（5）增长：________ ________　　（6）关照：________ ________

（7）比较：________ ________　　（8）品尝：________ ________

（9）答应：________ ________　　（10）允许：________ ________

（11）记得：________ ________　　（12）闻名：________ ________

（二）连线　Link the words on the left column with those on the right

我们班的同学都喜欢体育运动。艾米喜欢游泳和滑冰，贝拉喜欢爬山，大内喜欢打网球和排球，山本喜欢打保龄球和高尔夫球，彼得喜欢打乒乓球和羽毛球，金汉成喜欢打篮球和踢足球。

| | |
|---|---|
| 艾米 | 爬山 |
| | 游泳 |
| 贝拉 | 打网球 |
| | 滑冰 |
| 大内 | 打高尔夫球 |
| | 打排球 |
| 山本 | 打乒乓球 |
| | 踢足球 |
| 彼得 | 打羽毛球 |
| | 打保龄球 |
| 金汉成 | 打篮球 |

## （三）阅读 Reading

### 中国菜里有文化

中国菜闻名世界，几乎各个国家都有中国饭馆儿。

山本正对中国菜很有研究，班里同学都叫他“美食家”。他常说，中国菜里有文化，有学问。就拿菜名儿来说，什么“全家福”（quánjiāfú，name of a dish）、“东坡肉”、“八仙盘”（bāxiānpán，name of a dish），这里边的学问可大了！

同学们都很爱吃中国菜，可是不太了解中国菜里的文化和学问。他们喜欢跟山本正一起去饭馆儿吃饭，一边吃一边听他介绍，既品尝了美味佳肴，又增长了学问。

1. 读后回答 Answer the following questions after reading

（1）这篇短文的主要意思是什么？

（2）第一段的主要意思是什么？

（3）第二段的主要意思是什么？

（4）第三段的主要意思是什么？

2. 复述课文 Retell the text

## （四）成段表达 Expressions in paragraph

贝拉是班里的________。她常对朋友说，意大利菜在欧洲__________，欧洲的__________都有意大利饭馆儿。有人只觉得意大利菜好吃，可是他不知道____________________。就拿_______来说，_________！

贝拉去过很多欧洲国家旅游，也去过不少_________。什么_______、_______，还有_________，她都吃过。不过，比较起来，她还是更__________________。

今天，贝拉听说_________新开了一家意大利风味的餐厅，她想请_______一块儿去这家餐厅_______。

## 五 语法 Grammar

### 状语的成分　Components of adverbials

充当状语的成分主要有以下几种：

The main components of adverbials are as follows:

1. 名词，包括时间名词、方位（处所）名词等。例如：

Nouns, including temporal nouns, locative nouns (place nouns) and so on. For example:

（1）我明天有空儿。

（2）请前边上车。

2. 数量词。例如：

Numeral classifier phrase, for example:

（1）下一课的生词，我一个也没预习。

（2）那个地方，我一次也没去过。

3. 介宾短语。例如：

Prepositional phrases, for example:

（1）我跟你一起去。

（2）我们在哪儿上车？

4. 形容词或形容词性短语。例如：

Adjectives or adjectival phrases, for example:

（1）他努力学习汉语。

（2）他很认真地回答老师的问题。

5. 动词或动词性短语。例如：

Verbs or verbal phrases, for example:

（1）她笑着说："我请客，你付钱。"

（2）他带着我们去公园。

6. 副词。例如：

Adverbs, for example:

（1）这个办法比较好。

（2）我们都喜欢游泳。

## 六 附录 Appendix

**中国八大菜系　Eight Cuisines in China**

| | |
|---|---|
| 山东菜（鲁菜）<br>shāndōngcài (lǔcài) | 其特点是鲜嫩、味纯。<br>Shandong Cuisine is characterized by its emphasis on freshness, tenderness and purity. |
| 四川菜（川菜）<br>sìchuāncài (chuāncài) | 以麻辣、味厚著称。<br>Sichuan Cuisine is China's hottest and spiciest cuisine and characterized by thick flavor. |
| 广东菜（粤菜）<br>guǎngdōngcài (yuècài) | 主要特点是清淡、生脆。<br>Guangdong Cuisine is not greasy and characterized by its emphasis on freshness and crispness. |
| 江苏菜（苏菜）<br>jiāngsūcài (sūcài) | 清淡酥香是其主要特点。<br>Jiangsu Cuisine is not greasy, and with mellow fragrance. |
| 浙江菜（浙菜）<br>zhèjiāngcài (zhècài) | 其中以杭州菜最为有名，特点是鲜、脆、软、滑，保持原味。<br>Be famous for Hangzhou Cuisine, not greasy, wins its reputation for freshness, crispness, softness, smoothness of its dishes with mellow fragrance. |
| 福建菜（闽菜）<br>fújiàncài (mǐncài) | 色泽美观，滋味清鲜，注重甜酸咸香。<br>Fujian Cuisine is distinguished for beautiful color and magic taste of sweet, sour, salty and savory. |
| 湖南菜（湘菜）<br>húnáncài (xiāngcài) | 制作精细，用料广泛，油重色浓，讲求实惠。<br>Hunan Cuisine characterizes itself by thick and pungent flavor, with delicate elegance and various ingredients. |
| 安徽菜（徽菜）<br>ānhuīcài (huīcài) | 重火功，以（烧、煮），蒸、焖为主，重油，重色。<br>Anhui Cuisine chefs focus much more attention on the temperature in cooking and are good at braising and stewing. Often hams will be added to improve taste and sugar candy added to gain freshness. |

Dì-liù kè
# 第六课 这是第一次吃水煮牛肉

## 一 课文 Text

### （一）

（方云天、山本正和大内上子一块儿走进这家四川风味餐厅）

服务员：欢迎你们，请里边坐。几位想吃点儿什么？这是菜单。

方云天：请给我们介绍几个拿手的风味菜。

服务员：好的，来个水煮牛肉，一盘宫保鸡丁，一个鱼香肉丝，再来一个酸辣汤，怎么样？

大　内：什么叫宫保鸡丁？

服务员：这是四川名菜，是用鸡肉和花生米做的。川菜的特点是麻和辣。

山　本：真有意思。有机会，我一定去四川看看。大内，你能吃辣的吗？

大　内：没问题。

方云天：女孩儿们都是很喜欢吃青菜的，再来个青菜吧。

大　内：谢谢。你想得真周到。

山　本：那来个炒娃娃菜吧。

服务员：来点儿什么饮料？

方云天：（对山本）来瓶白酒，怎么样？

山　本：我一喝白酒就脸红，还是喝点儿啤酒吧。

大　内：我连啤酒也不能喝。

方云天：那就来两瓶啤酒，再来一听雪碧。

服务员：吃什么主食？

大　内：三碗米饭。

（二）

山　本：服务员，请结账。

服务员：请稍等。……一共187块。刷卡还是扫码？

方云天：扫码。

服务员：谢谢。几位吃得还满意吗？

山　本：我来中国快两个月了，这是第一次吃水煮牛肉，很好吃。

大　内：味道的确不错。

## 二 生词 New words

| | | | |
|---|---|---|---|
| 1. 菜单 | （名） | càidān | menu |
| 2. 拿手 | （形） | náshǒu | be good at, adept |
| 3. 盘 | （量） | pán | a measure word for food, coils and matches |
| 4. 宫保鸡丁 | | gōngbǎo jīdīng | name of a dish |
| 鸡丁 | （名） | jīdīng | diced chicken meat |
| 鸡 | （名） | jī | chicken, rooster |
| 丁 | （名） | dīng | small cubes of meat or vegetable |
| 5. 鱼香肉丝 | | yúxiāng ròusī | name of a dish |
| 香 | （形） | xiāng | fragrant, sweet-smelling |
| 丝 | （名） | sī | threadlike thing |
| 6. 酸辣汤 | （名） | suānlàtāng | name of a dish |
| 酸 | （形） | suān | sour, tart |
| 汤 | （名） | tāng | soup |

| | | | |
|---|---|---|---|
| 7. 花生米 | （名） | huāshēngmǐ | peanut kernel |
| 8. 麻 | （形） | má | numb, insensitive |
| 9. 青菜 | （名） | qīngcài | green vegetables |
| 青 | （形） | qīng | green or blue |
| 10. 炒 | （动） | chǎo | to stir-fry, to fry |
| 11. 娃娃菜 | （名） | wáwacài | baby cabbage (a kind of small tender pakchoi) |
| 12. 白酒 | （名） | báijiǔ | white spirit |
| 13. 连……也 / 都…… | | lián…yě/dōu… | even |
| 14. 听 | （名） | tīng | tin |
| 15. 雪碧 | （名） | xuěbì | Sprite (name of a soft drink) |
| 16. 主食 | （名） | zhǔshí | staple food, principal food |
| 17. 碗 | （名） | wǎn | bowl |
| 18. 结账 | （动） | jiézhàng | to pay one's bill |
| 账 | （名） | zhàng | account |
| 19. 稍 | （副） | shāo | a little, a bit, slightly |
| 20. 刷卡 | （动） | shuākǎ | to swipe a (credit or other) card |
| 21. 扫码 | （动） | sǎomǎ | to scan the code |
| 22. 满意 | （动） | mǎnyì | to satisfy |
| 23. 的确 | （副） | díquè | indeed, really |

## 补充词汇　Supplementary words

| | | | |
|---|---|---|---|
| 1. 葡萄酒 | （名） | pútaojiǔ | wine, port wine |
| 葡萄 | （名） | pútao | grape |
| 2. 汗 | （名） | hàn | sweat, perspiration |
| 3. 治 | （动） | zhì | to cure, to treat |
| 4. 并 | （副） | bìng | (used before a negative form to indicate that the fact is not as one may think or expect) |
| 5. 从来 | （副） | cónglái | always, at all times |
| 6. 敢 | （能动） | gǎn | to dare |
| 7. 开演 | （动） | kāiyǎn | (of a play, movie, etc.) to begin, to start |

| | | | |
|---|---|---|---|
| 8. 汽水儿 | （名） | qìshuǐr | soft drink, soda water |
| 9. 果汁儿 | （名） | guǒzhīr | fruit juice |
| 10. 满 | （形） | mǎn | full, whole, total |
| 11. 生鱼片 | （名） | shēngyúpiàn | sashimi |
| 12. 飞 | （动） | fēi | to fly |

## 三 课堂练习 Exercises

（一）语音 Pronunciation

1. 朗读定调音节 Read aloud the syllables and pay attention to the tones

| | | | | |
|---|---|---|---|---|
| 都听 | 还听 | 也听 | 再听 | 听的 |
| 都读 | 还读 | 也读 | 再读 | 读的 |
| 都写 | 还写 | 也写 | 再写 | 写的 |
| 都看 | 还看 | 也看 | 再看 | 看的 |

2. 辨音辨调 Distinguish the sounds and tones

| | | | | | |
|---|---|---|---|---|---|
| cǎidàn | 彩蛋 | fācái | 发财 | biǎndan | 扁担 |
| càidān | 菜单 | fàcài | 发菜 | bǎndèng | 板凳 |
| qíncài | 芹菜 | jiézhàng | 结账 | mǎnyì | 满意 |
| qīngcài | 青菜 | jiēzhàn | 接站 | mǎnyuè | 满月 |
| dìqū | 地区 | lāshou | 拉手 | huàjù | 话剧 |
| díquè | 的确 | náshǒu | 拿手 | huáji | 滑稽 |

3. 三音节声调　Tones of tri-syllables

| | | | |
|---|---|---|---|
| fēijīchǎng | 飞机场 | huábīngchǎng | 滑冰场 |
| bīngqiúchǎng | 冰球场 | zúqiúchǎng | 足球场 |
| jūnmǎchǎng | 军马场 | lánqiúchǎng | 篮球场 |
| fāshèchǎng | 发射场 | zájìchǎng | 杂技场 |
| yǎngjīchǎng | 养鸡场 | shèjīchǎng | 射击场 |
| wǎngqiúchǎng | 网球场 | bàngqiúchǎng | 棒球场 |
| dǎbǎchǎng | 打靶场 | sàimǎchǎng | 赛马场 |
| tǐyùchǎng | 体育场 | yùndòngchǎng | 运动场 |

4. 重音　Stress

（1）他来中国三个月了。

（2）他起床半个小时了。

（3）他大学毕业两年了。

（4）他爷爷去世五年了。

## （二）词语　Words and phrases

从本课生词表中选择合适的词语填空　Fill in the blanks with the appropriate new words from this lesson

（1）你喝________还是________？

（2）我不能喝酒，来一听________吧。

（3）今天真热，我头上出了很多________。

（4）我不认识________上的汉字。

（5）今天的菜很好吃，大家吃得很________。

（6）同学们对这儿的学习条件很________。

（7）请你在这儿________等一会儿。

（8）这种药可以________头疼。

（9）服务员，我们吃完了，请________。

（10）今天的考试________不难。

（11）我________没听说过这件事。

（12）晚上我一个人不________出去。

（13）中国人的习惯是吃饭以后喝________。

（14）“电影几点________？”“7点________。”

## （三）句型 Sentence patterns

### 1. 替换 Substitution

（1）我是很喜欢游泳的。

吃肉 吃鱼 吃青菜 喝白酒 喝葡萄酒 喝啤酒 喝汽水儿
喝果汁儿 喝汤 滑冰 旅行 打网球 开玩笑 开汽车

（2）她并不是很高兴的。

幸福 厉害 着急 实在 积极 漂亮 满意 努力 认真 谦虚

（3）他会告诉你的。

通知你 聘请你 邀请你们 帮助你们 喜欢这儿 提高质量
恢复健康 照顾那些孩子 做好这件事情 想得很周到

（4）我昨天晚上写了一小时信。

| | | |
|---|---|---|
| 打 | 一刻钟 | 电话 |
| 听 | 一个小时 | 广播 |
| 看 | 两个小时 | 电视 |
| 擦 | 二十分钟 | 皮鞋 |
| 打 | 四十分钟 | 太极拳 |
| 打 | 半个小时 | 保龄球 |
| 打 | 一个半小时 | 乒乓球 |
| 练习 | 一个小时 | 书法 |
| 复习 | 半个小时 | 课文 |

（5）我昨天晚上写 信 写了一个小时。

| | | |
|---|---|---|
| 打 | 电话 | 一刻钟 |
| 听 | 广播 | 一个小时 |
| 看 | 电视 | 两个小时 |
| 擦 | 皮鞋 | 二十分钟 |
| 打 | 太极拳 | 四十分钟 |
| 打 | 保龄球 | 半个小时 |
| 打 | 乒乓球 | 一个半小时 |
| 练习 | 书法 | 一个小时 |
| 复习 | 课文 | 半个小时 |

2. 回答问题（先否定，再用所给词语做肯定回答） Answer the following questions (Give a negative answer first, then give an affirmative one with the words given in brackets)

（1）你是来借书的吗？ （还书）

（2）他们是来学习的吗？ （旅行）

（3）你们是来表演的吗？ （看表演）

（4）她是来看病的吗？ （看病人）

（5）你是去旅行的吗？ （看朋友）

（6）那个人是卖菜的吗？ （卖肉）

（7）这个商店是卖空调的吗？ （电脑）

（8）那个老师是教外国留学生的吗？ （中国学生）

（9）这个工厂是生产中药的吗？ （西药）

（10）白老师是那个穿红衣服的吗？ （蓝衣服）

（四）按照下列情景，用本课句型说话 Have a conversation on the following topics with the patterns in the text

（1）你去一家四川风味的饭馆儿吃饭。

（2）你去一家山东风味的饭馆儿吃饭。

（3）你去一家烤鸭店吃饭。

## 四 家庭作业 Homework

（一）词语 Words and phrases

用下列生词至少组成两个短语 Make at least two phrases with each of the following words

（1）并：________ ________　（2）从来：________ ________

（3）满意：________ ________　（4）的确：________ ________

（5）满：________ ________　（6）敢：________ ________

（7）炒：________ ________　（8）治：________ ________

（9）飞：________ ________　（10）开演：________ ________

（二）阅读 Reading

**我什么都能吃**

（在食堂，贝拉、山本等几个同学一边吃饭，一边聊天儿）

贝　拉：（对山本）美食家，你最喜欢哪些中国菜？

山　本：中国八大菜系我已经吃过三四种，有川菜、粤菜、鲁菜，还有北京烤鸭。我觉得都挺好吃，不过，我还是更喜欢粤菜，粤菜比较清淡一些。

贝　拉：粤菜我吃过，并不是特别好吃。我觉得川菜更有味道，就是有点儿辣。

金汉成：不麻不辣能叫川菜？我觉得川菜最好吃。一边吃着麻辣鸡丝，一边喝着白酒，满头大汗，特别舒服，而且还可以治感冒。

山　本：我的身体特别好，你们知道为什么吗？

贝　拉：是因为你经常吃生鱼片吧？

山　本：不是。我是什么都能吃，什么也爱吃，从来不挑食。跟广东人一样，天上飞的，除了飞机不吃；地上跑的，除了汽车不吃。

贝　拉：水里的呢？

山　本：除了船不吃，哈哈。

1. 选择正确答案　Choose the right answer

（1）粤菜的特点是什么？

A. 有点儿辣

B. 又麻又辣

C. 清淡

D. 舒服

（2）川菜的特点是什么？

A. 有点儿辣

B. 又麻又辣

C. 清淡

D. 舒服

（3）贝拉最喜欢吃什么菜？

A. 川菜

B. 鲁菜

C. 粤菜

D. 烤鸭

（4）吃什么可以治感冒？

A. 川菜

B. 鲁菜

C. 粤菜

D. 烤鸭

（5）山本的身体为什么特别好？

A. 爱吃生鱼片

B. 爱吃天上飞的

C. 爱吃地上跑的

D. 不挑食，什么都爱吃

2. 复述课文　Retell the text

（三）写作练习　Writing

讲述一次在饭馆儿吃饭的经历并写下来。

## 五 语法 Grammar

### （一）“是……的”句（2）　是……的-sentence (2)

在汉语里，从性质或状态方面对人或事物进行强调时，也用“是……的”句。例如：

In Chinese, 是……的-sentence can also be used to stress the property or the state of people or things. For example:

（1）他是经商的。

（2）他是了解情况的。

（3）我是很喜欢游泳的。

（4）他是有可能来的。

**注意：**（1）一般动词之前有能愿动词“会”时，“是”常省略。例如：

**Points for attention:** (1) Usually, when the modal verb “会” is used before a verb, “是” can be omitted. For example:

（1）他会告诉你的。

（2）我会做好这个工作的。

（2）否定形式，除“不是……的”外，还有“是不/没（有）……的”。例如：

Both “不是……的” and “是不/没（有）……的” are the negative forms of 是……的-sentence, for example:

（1）他不是很高兴的。

（2）他是不同意这样做的。

（3）我是没有姐姐的。

## （二）时量补语（2） Time-measure complement (2)

述语可带定量的时量补语。例如：

The predicative of the sentence can be followed by a definite time-measure complement. For example:

（1）我昨天晚上写了一个小时信。

（2）我昨天晚上写信写了一个小时。

**注意：**（1）时量补语要紧跟在述语之后。（2）时量补语可看作"伪定语"。例如：

**Points for attention:** (1) A time-measure complement must follow the predicative closey. (2) A time-measure complement can be regarded as "a false attributive". For example:

（3）我昨天晚上写了一个小时的信。

Dì-qī kè
# 第七课 我们家是四世同堂

## 一 课文 Text

### （一）

星期六下午三点，彼得准时来到赵林家。

看见客人来了，赵林一家人都非常高兴。赵林的父亲握着彼得的手说："欢迎你来我们家做客。快请到屋里坐。"赵林的妻子杨静连忙去沏茶，儿子立春马上端来了水果。赵林的母亲跟客人说了几句话就进了厨房，她想请客人尝尝她包的饺子。

赵林陪客人参观他的家。他家住的是四合院儿。北房三间，两边是两间卧室，中间隔着一间客厅。三间西房是赵林夫妇和孩子的卧室。东房是厨房和餐厅。南面的两间是书房。

赵林和彼得走进客厅。客厅里有一个大沙发和两个小沙发，两个小沙发中间是一个茶儿，茶儿上放着一套漂亮的茶具。地上铺着红地毯，墙上挂着两幅山水画儿。中间挂着一张大照片。

### （二）

彼得看着照片问赵林："这是你们全家的合影吧？"

"对，这叫全家福。你看，我们家是四世同堂。"

"中间坐着的是——"

"我奶奶。"

"老人今年多大岁数了？"

"八十二岁。你看，身体还挺好。"

"她今天没在家？"

"她现在住我叔叔家里。"

"这两位是你的父亲母亲，我没说错吧？"

"没错。父亲的左边是叔叔和婶子，母亲的右边是我姑姑。"

"这个站着的小姑娘是谁？"

"是我哥哥的女儿立秋，她今天报名参加书法学习班，还没回来。"

"立春呢？我怎么没找到立春？"

"叔叔，你找我？我在床上躺着看电视呢。"立春在旁边的卧室里回答。

## 二 生词 New words

| | | | |
|---|---|---|---|
| 1. 四世同堂 | | sì shì tóngtáng | four generations under one roof |
| 2. 沏 | （动） | qī | to make (tea), to infuse (tea) |
| 3. 马上 | （副） | mǎshàng | at once, immediately |
| 4. 端 | （动） | duān | to hold sth. level with both hands, to carry |
| 5. 厨房 | （名） | chúfáng | kitchen |
| 6. 陪 | （动） | péi | to keep sb. company, to accompany |
| 7. 四合院儿 | （名） | sìhéyuànr | quadrangle dwellings |
| 8. 房 | （名） | fáng | house, room |
| 9. 间 | （量） | jiān | a measure word for rooms and houses |
| 10. 隔 | （动） | gé | to partition, to separate |
| 11. 客厅 | （名） | kètīng | sitting room, living room |
| 12. 夫妇 | （名） | fūfù | husband and wife |
| 13. 书房 | （名） | shūfáng | study |
| 14. 茶几 | （名） | chájī | tea table, side table |
| 15. 铺 | （动） | pū | to spread, to unfold |

| | | | |
|---|---|---|---|
| 16. 地毯 | （名） | dìtǎn | rug, carpet |
| 17. 挂 | （动） | guà | to hang, to put up |
| 18. 合影 | （名） | héyǐng | group photo |
| 19. 全家福 | （名） | quánjiāfú | photograph of the whole family, family photo |
| 福 | （名） | fú | happiness, good fortune |
| 20. 岁数 | （名） | suìshu | age |
| 21. 婶子 | （名） | shěnzi | aunt, wife of father's younger brother |
| 22. 姑姑 | （名） | gūgu | aunt, father's sister |
| 23. 站 | （动） | zhàn | to stand, to be on one's feet |
| 24. 躺 | （动） | tǎng | to lie, to recline |

## 补充词汇 Supplementary words

| | | | |
|---|---|---|---|
| 1. 气功 | （名） | qìgōng | qigong, a system of deep breathing exercises |
| 2. 热闹 | （形） | rènao | lively, bustling with noise and excitement |
| 3. 祝贺 | （动） | zhùhè | to congratulate |
| 4. 院子 | （名） | yuànzi | yard, courtyard |
| 5. 做梦 | （动） | zuòmèng | to have a dream, to dream |
| 梦 | （动、名） | mèng | to dream; dream |
| 6. 行李 | （名） | xíngli | luggage, baggage |
| 7. 姥姥 | （名） | lǎolao | (maternal) grandmother |
| 8. 姥爷 | （名） | lǎoye | (maternal) grandfather |
| 9. 舅舅 | （名） | jiùjiu | uncle, mother's brother |
| 10. 舅妈 | （名） | jiùmā | aunt, wife of mother's brother |
| 11. 姨 | （名） | yí | aunt, mother's sister |
| 12. 姨父 | （名） | yífu | uncle, husband of mother's sister |
| 13. 阿姨 | （名） | āyí | auntie |
| 阿 | | ā | (prefix of a person's name) |

## 专名 Proper nouns

| | | |
|---|---|---|
| 1. 杨静 | Yáng Jìng | name of a person |
| 2. 立春 | Lìchūn | given name of a person; the Beginning of Spring |
| 3. 立秋 | Lìqiū | given name of a person; the Beginning of Autumn |

# 二 课堂练习 Exercises

## （一）语音 Pronunciation

### 1. 朗读定调音节 Read aloud the syllables and pay attention to the tones

| | | | | |
|---|---|---|---|---|
| 都听 | 还听 | 也听 | 再听 | 听的 |
| 都读 | 还读 | 也读 | 再读 | 读的 |
| 都写 | 还写 | 也写 | 再写 | 写的 |
| 都看 | 还看 | 也看 | 再看 | 看的 |

### 2. 辨音辨调 Distinguish the sounds and tones

| | | | | | |
|---|---|---|---|---|---|
| chúfáng | 厨房 | chájù | 茶具 | dàtīng | 大厅 |
| shūfáng | 书房 | chájī | 茶几 | kètīng | 客厅 |
| fēnfu | 吩咐 | dàoyǐng | 倒影 | qìgōng | 气功 |
| fūfù | 夫妇 | héyǐng | 合影 | qígōng | 奇功 |
| rènao | 热闹 | zhùzuò | 著作 | yuánzi | 园子 |
| rěnǎo | 惹恼 | zhùhè | 祝贺 | yuànzi | 院子 |

### 3. 三音节声调 Tones of tri-syllables

| | | | |
|---|---|---|---|
| gējùyuàn | 歌剧院 | guówùyuàn | 国务院 |
| cānyìyuàn | 参议院 | bówùyuàn | 博物院 |

| | | | |
|---|---|---|---|
| kēxuéyuàn | 科学院 | yánjiūyuàn | 研究院 |
| gū'éryuàn | 孤儿院 | liáoyǎngyuàn | 疗养院 |
| jiǎncháyuàn | 检察院 | sìhéyuàn | 四合院 |
| měiróngyuàn | 美容院 | huàjùyuàn | 话剧院 |
| wǔjùyuàn | 舞剧院 | jìnglǎoyuàn | 敬老院 |
| yǎnglǎoyuàn | 养老院 | diànyǐngyuàn | 电影院 |

4. 语调　Intonation

（1）中间坐着的是——

旁边站着的是——

前边走着的是——

床上躺着的是——

（2）她今天没在家？

他今天没回家？

他今天没吃饭？

他今天没上课？

## （二）词语　Words and phrases

从本课生词表中选择合适的词语填空　Fill in the blanks with the appropriate new words from this lesson

（1）你父亲多大________了？

（2）服务员________来一碗汤。

（3）他买了一套漂亮的________。

（4）他买了一块儿漂亮的红________。

（5）________就是叔叔的爱人。

（6）________是爸爸的姐姐或者妹妹。

（7）赵林每天晚上在________里写文章。

(8) 杨静在________做饭呢。

(9) 赵林的妻子给彼得________了一杯乌龙茶。

(10) 赵林家不住楼房，住的是________。

(11) 这条大街非常________，有很多商店。

(12) 我天天夜里做________，睡得不好。

(13) 赵林的父亲每天早上在院子里练________，他的身体很好。

(14) 客厅的地上________着新地毯。

（三）句型　Sentence patterns

替换　Substitution

(1) A：你到赵林家的时候，他干什么呢？

B：他在床上躺着看书呢。

| | | |
|---|---|---|
| 床上 | 躺 | 睡觉 |
| 床上 | 躺 | 听音乐 |
| 沙发上 | 坐 | 玩手机 |
| 沙发上 | 坐 | 看电视 |
| 沙发上 | 坐 | 喝茶 |
| 沙发上 | 坐 | 喝咖啡 |
| 院子里 | 站 | 练气功 |
| 外面 | 站 | 跟别人谈话 |

(2) A：桌子上放着什么？

B：桌子上放着两本词典。

| | | |
|---|---|---|
| 茶几上 | 放 | 一套茶具 |
| 书架上 | 放 | 几本杂志 |
| 床下 | 放 | 一双皮鞋 |
| 桌子旁边 | 放 | 两把椅子 |
| 墙上 | 挂 | 一些照片 |
| 墙上 | 挂 | 两幅山水画儿 |

| | | |
|---|---|---|
| 地上 | 放 | 几件行李 |
| 地上 | 铺 | 一块红地毯 |
| 卧室中间 | 隔 | 一间客厅 |

## 四 家庭作业 Homework

（一）词语　Words and phrases

用下列生词至少组成两个短语　Make at least two phrases with each of the following words

（1）隔：________ ________　　（2）马上：________ ________

（3）祝贺：________ ________　　（4）端：________ ________

（5）梦：________ ________　　（6）热闹：________ ________

（7）铺：________ ________　　（8）陪：________ ________

（二）句型　Sentence patterns

把下列词语连成句子　Connect the following words into sentences

（1）公园　在　里　画　艾米　画儿　呢　坐　着

（2）躺　在　床　立春　着　上　电视　呢　看

（3）阅览室　看　呢　画报　坐　在　着　里　立秋

（4）门口　学校　在　他们　谈话　站　着　呢

（5）姑姑　赵林　的　等　着　在　里　医院　看病　呢

（6）一　本　讲台　放　词典　着　上

（7）桌子　手机　放　一个　着　上

（8）行李　他们　地　上　的　着　放

（9）贴　着　门　上　一　个　“福”　字　的　红色

（10）全　家　挂　上　墙　合影　的　着

## （三）阅读 Reading

### 立春很喜欢过生日

立春是个聪明可爱的小男孩儿，彼得很喜欢他。彼得跟立春一边看电视，一边聊天儿。

“立春，你有五岁了吧？”

“叔叔，再过一个月我就六岁了。妈妈说，下个月二十六号，全家人给我过生日。”

“你一定很喜欢过生日吧？”

“做梦都梦到过生日。妈妈说，到了那天，我们家里人，还有我姥姥、姥爷、舅舅、舅妈、我姨和姨父他们都来。对了，王阿姨也来。”

“王阿姨是谁？”

“我妈妈的朋友。”

“那一定很热闹。”

“当然了。妈妈说，给我买一个这么大的蛋糕，还有好多好吃的。叔叔，你也来，好吗？我还让奶奶给你包饺子。”

“谢谢你，立春。要是有时间，我一定来祝贺你的生日。”

1. 朗读课文 Read aloud the text

2. 复述课文 Retell the text

## （四）写作练习 Writing

以课文为模式（móshì，pattern）讲述你的家或访问一个中国朋友或老师的家，然后写下访问的情况。

## 五 语法 Grammar

### （一）动态助词“着”（2） The aspectual particle “着” (2)

动态助词“着”还可以表示静止状态的持续。例如：

The aspectual particle “着” can indicate the continuance of a static state. For example:

（1）我到他宿舍的时候，他在床上躺着呢。

（2）你怎么还站着？

### （二）存在句（2） Existential sentence (2)

动词带上动态助词“着”，可构成存在句。这种存在句的语序是：

A verb followed by the aspectual particle “着” can form an existential sentence. The structural order of such sentences is as follows:

方位短语 + 动词 + 着 + 表示人或事物的名词或名词性短语

locative phrase + verb + 着 + noun or nominal phrase indicating people or things

（1）桌子上放着两本词典。

（2）墙上挂着一张大照片。

## 六 附录 Appendix

### （一）中国的亲属称谓 Chinese kinship titles

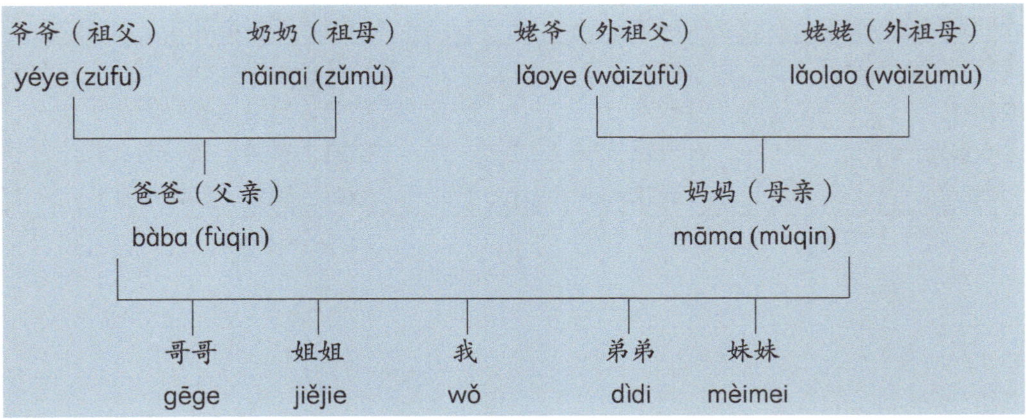

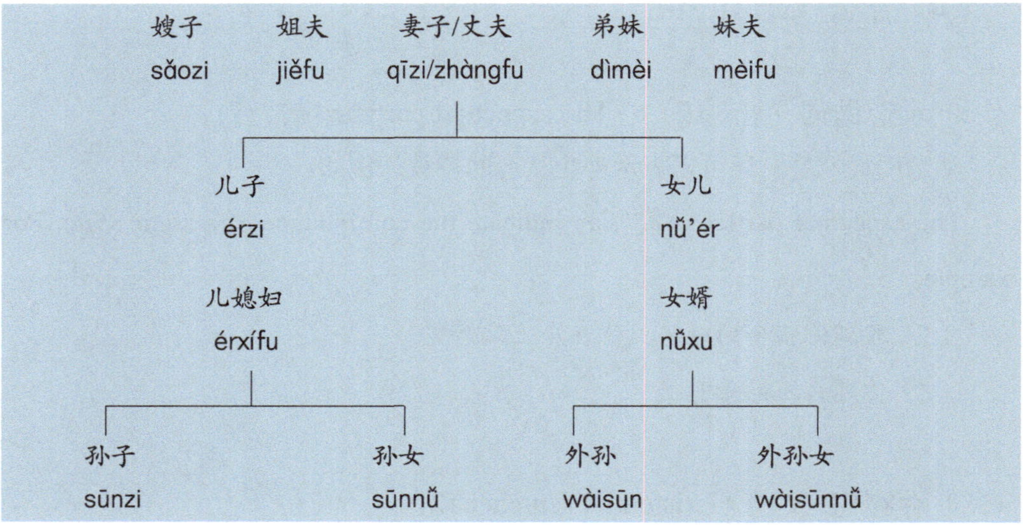


**图1　中国主要亲属称谓结构图**

**表1　中国其他亲属称谓表**

| **读音**<br>dúyīn | **称谓**<br>chēngwèi | **意义**<br>yìyì |
|---|---|---|
| gōnggong、pópo | 公公、婆婆 | 丈夫的父亲、母亲 |
| yuèfù、yuèmǔ | 岳父、岳母 | 妻子的父亲、母亲 |
| bóbo<br>shūshu | 伯伯<br>叔叔 | 父亲的哥哥<br>父亲的弟弟 |
| jiùjiu | 舅舅 | 母亲的兄弟 |
| gūmā (gūgu) | 姑妈（姑姑） | 父亲的姐妹 |
| yímā (yí) | 姨妈（姨） | 母亲的姐妹 |
| tángxiōng<br>tángdì<br>tángjiě<br>tángmèi | 堂兄<br>堂弟<br>堂姐<br>堂妹 | 伯伯、叔叔的儿子<br>伯伯、叔叔的儿子<br>伯伯、叔叔的女儿<br>伯伯、叔叔的女儿 |
| biǎoxiōng<br>biǎodì<br>biǎojiě<br>biǎomèi | 表兄<br>表弟<br>表姐<br>表妹 | 姑妈、舅舅、姨妈的儿子<br>姑妈、舅舅、姨妈的儿子<br>姑妈、舅舅、姨妈的女儿<br>姑妈、舅舅、姨妈的女儿 |

## （二）农历二十四节气 The 24 solar terms in the lunar calendar

**表2 农历二十四节气表**

| 四季<br>sìjì | 农历月序<br>nónglì yuèxù | 节气<br>jiéqì | 公历常见日期<br>gōnglì chángjiàn rìqī | 传统含义<br>chuántǒng hányì |
|---|---|---|---|---|
| 春 | 正月 | 立春<br>lìchūn | 2 月 3、4、5 日 | 春天开始，天气开始变暖 |
| | | 雨水<br>yǔshuǐ | 2 月 18、19、20 日 | 开始降雨 |
| | 二月 | 惊蛰<br>jīngzhé | 3 月 5、6、7 日 | 开始响雷，冬眠动物开始活动 |
| | | 春分<br>chūnfēn | 3 月 20、21 日 | 春季的中间，昼夜平分 |
| | 三月 | 清明<br>qīngmíng | 4 月 4、5、6 日 | 温暖，天气清和明朗 |
| | | 谷雨<br>gǔyǔ | 4 月 19、20、21 日 | 降雨量增多，对谷物生长有利 |
| 夏 | 四月 | 立夏<br>lìxià | 5 月 5、6、7 日 | 夏季开始，气温增高 |
| | | 小满<br>xiǎomǎn | 5 月 20、21、22 日 | 小麦等夏熟作物籽粒逐渐饱满 |
| | 五月 | 芒种<br>mángzhòng | 6 月 5、6、7 日 | 麦类等有芒作物成熟 |
| | | 夏至<br>xiàzhì | 6 月 21、22 日 | 夏天来到，白天最长，夜晚最短 |
| | 六月 | 小暑<br>xiǎoshǔ | 7 月 6、7、8 日 | 天气开始炎热 |
| | | 大暑<br>dàshǔ | 7 月 22、23、24 日 | 一年中最热的时节 |
| 秋 | 七月 | 立秋<br>lìqiū | 8 月 7、8、9 日 | 秋季开始，气温逐渐下降 |
| | | 处暑<br>chǔshǔ | 8 月 22、23、24 日 | 炎热即将过去 |

（续表）

| 四季<br>sìjì | 农历月序<br>nónglì yuèxù | 节气<br>jiéqì | 公历常见日期<br>gōnglì chángjiàn rìqī | 传统含义<br>chuántǒng hányì |
|---|---|---|---|---|
| 秋 | 八月 | 白露<br>báilù | 9月7、8、9日 | 夜里较凉，出现露水 |
| | | 秋分<br>qiūfēn | 9月22、23、24日 | 秋季的中间，昼夜平分 |
| | 九月 | 寒露<br>hánlù | 10月7、8、9日 | 气温明显降低，夜间露水较凉 |
| | | 霜降<br>shuāngjiàng | 10月23、24日 | 开始降霜 |
| 冬 | 十月 | 立冬<br>lìdōng | 11月7、8日 | 冬季开始，天气开始变冷 |
| | | 小雪<br>xiǎoxuě | 11月22、23日 | 开始降雪 |
| | 十一月 | 大雪<br>dàxuě | 12月6、7、8日 | 降雪较大 |
| | | 冬至<br>dōngzhì | 12月21、22、23日 | 进入“数九”寒冬，此时，白天最短，夜晚最长 |
| | 腊月 | 小寒<br>xiǎohán | 1月5、6、7日 | 气候比较寒冷 |
| | | 大寒<br>dàhán | 1月20、21日 | 一年中最冷的时节 |

Dì-bā kè
# 第八课 我们俩完全平等

## 一 课文 Text

（晚饭以后，赵林夫妇和彼得一起坐着聊天儿。说着说着，就说到中国人的家庭生活这个话题上了。）

彼　得：赵先生，在中国像你们这样四世同堂的家庭多不多？

赵　林：不多了。现在的家庭一般只有两代，三口人或者四口人。

杨　静：过去中国人认为多子多福，现在这种观念已经开始改变了。

彼　得：我们美国人喜欢这样的小家庭，人少，矛盾少，家务也少。

杨　静：你说得对。人多，家务就多，每天都累得不得了。

彼　得：你们的周末是怎么过的？

赵　林：一到星期五下午，先得把立春从幼儿园接回家。星期六、星期天有的时候把孩子带去公园玩儿，有的时候去看看我奶奶。

杨　静：我的星期天可以说跟上班一样忙，买菜、做饭、洗衣服，还得教孩子写字、画画儿。

彼　得：听说许多中国男人都会做饭、洗衣服，是这样吗？

赵　林：是这样。就说我吧，我就能做一手儿好菜，做别的家务也没有问题。

彼　得：赵先生真是个好丈夫。

赵　林：是啊，像我这样的丈夫打着灯笼也难找。对吧，杨静？

杨　静：你又吹牛了。

彼　得：（笑）赵先生，听说有些中国男人有“妻管严”，是这样吗？

赵　林：对。不少中国男人是有这种“病”，可我没有。不信，你问问她。

杨　静：我们俩完全平等，有事互相商量。

赵　林：不过，家里大事还是由我做主，小事才由她做主。

彼　得：在家里哪些事算是大事？

赵　林：我们结婚七年了，到现在还没遇到过什么大事。

## 二 生词 New words

| | | | |
|---|---|---|---|
| 1. 平等 | （形） | píngděng | equal |
| 2. 话题 | （名） | huàtí | topic |
| 3. 一般 | （形） | yìbān | ordinary, general |
| 4. 代 | （名） | dài | generation |
| 5. 过去 | （名） | guòqù | the past |
| 6. 多子多福 | | duōzǐ duōfú | The more children, the more blessings. |
| 子 | | zǐ | son, child |
| 7. 观念 | （名） | guānniàn | concept, sense, idea, perception |
| 8. 矛盾 | （名、动） | máodùn | contradiction; to contradict |
| 9. 家务 | （名） | jiāwù | housework |
| 10. 不得了 | （形） | bùdéliǎo | extremely, terribly, awfully |
| 11. 把 | （介） | bǎ | (a preposition used in the 把-structure) |
| 12. 有的 | （代） | yǒude | some |
| 13. 男人 | （名） | 〈口〉nánren | husband |
| 14. 一手儿 | （名） | yìshǒur | skill, proficiency |
| 15. 打着灯笼也难找 | | dǎzhe dēnglong yě nán zhǎo | It is hard to be found even with a lantern. |

| | | | |
|---|---|---|---|
| 灯笼 | （名） | dēnglong | lantern |
| 灯 | （名） | dēng | lamplight, lighting, lamp |
| 16. 吹牛 | （动） | chuīniú | to boast, to talk big |
| 17. 妻管严 | | qīguǎnyán | the wife plays a dominant role in the family |
| 气管炎 | （名） | qìguǎnyán | tracheitis, and 妻管严 shares a similar pronunciation with it in Chinese |
| 气管 | （名） | qìguǎn | trachea |
| 管 | （名、动） | guǎn | pipe, tube; to manage, to be in charge of |
| 严 | （形） | yán | strict, severe, tight |
| 18. 信 | （动） | xìn | to believe, to trust |
| 相信 | （动） | xiāngxìn | to believe, to trust |
| 19. 做主 | （动） | zuòzhǔ | to take the responsibility for a decision, to decide |
| 20. 算是 | （动） | suànshì | to regard as, to think, to consider |

## 补充词汇 Supplementary words

| | | | |
|---|---|---|---|
| 1. 重要 | （形） | zhòngyào | important |
| 2. 女人 | （名） | nǚrén | woman |
| 3. 个子 | （名） | gèzi | height, stature |
| 4. 推 | （动） | tuī | to push, to shove |
| 5. 病房 | （名） | bìngfáng | ward, sickroom |
| 6. 背 | （动） | bēi | to carry on the back, to bear, to shoulder |
| 7. 抱 | （动） | bào | to hold with both arms, to embrace |
| 8. 拉 | （动） | lā | to pull, to draw, to drag |
| 9. 骂 | （动） | mà | to curse, to abuse |
| 10. 哭 | （动） | kū | to cry, to weep |
| 11. 电灯 | （名） | diàndēng | electric lamp or light |
| 12. 物理 | （名） | wùlǐ | physics |
| 13. 课本 | （名） | kèběn | textbook |
| 14. 数学 | （名） | shùxué | mathematics |
| 15. 地理 | （名） | dìlǐ | geography |

| | | | |
|---|---|---|---|
| 16. 急事 | （名） | jíshì | urgent matter, emergency |
| 急 | （形） | jí | urgent |

## 二 课堂练习 Exercises

### （一）语音 Pronunciation

1. 朗读定调音节 Read aloud the syllables and pay attention to the tones

| | | | | |
|---|---|---|---|---|
| 都听 | 还听 | 也听 | 再听 | 听的 |
| 都读 | 还读 | 也读 | 再读 | 读的 |
| 都写 | 还写 | 也写 | 再写 | 写的 |
| 都看 | 还看 | 也看 | 再看 | 看的 |

2. 辨音辨调 Distinguish the sounds and tones

| | | | | | |
|---|---|---|---|---|---|
| huátī | 滑梯 | yìbān | 一般 | guóqí | 国旗 |
| huàtí | 话题 | yíbàn | 一半 | guòqù | 过去 |
| guānniàn | 观念 | jiāfù | 家父 | qìguǎn | 气管 |
| guāngnián | 光年 | jiāwù | 家务 | qìguān | 器官 |
| xiāngxìn | 相信 | sīxiāng | 思乡 | zhōngyào | 中药 |
| xìnxiāng | 信箱 | sīxiǎng | 思想 | zhòngyào | 重要 |

3. 三音节声调 Tones of tri-syllables

| | | | |
|---|---|---|---|
| xīnjīyán | 心肌炎 | yázhōuyán | 牙周炎 |
| guānjiéyán | 关节炎 | mángchángyán | 盲肠炎 |
| zhōng'ěryán | 中耳炎 | lánwěiyán | 阑尾炎 |
| sāixiànyán | 腮腺炎 | chángwèiyán | 肠胃炎 |

| | | | |
|---|---|---|---|
| gǒngmóyán | 巩膜炎 | qìguǎnyán | 气管炎 |
| gǔmóyán | 鼓膜炎 | màiguǎnyán | 脉管炎 |
| jiǎomóyán | 角膜炎 | dòngmàiyán | 动脉炎 |
| nǎomóyán | 脑膜炎 | jìngmàiyán | 静脉炎 |

4. 语调　Intonation

(1) 你又吹牛了。

(2) 你又迟到了。

(3) 你又受骗了。

(4) 你又感冒了。

## （二）词语　Words and phrases

从本课生词表中选择合适的词语填空　Fill in the blanks with the appropriate new words from this lesson

(1) 这个________很有意思，同学们有很多话要说。

(2) 在你们国家男女________吗？

(3) 我________他的话，他说的是真的。

(4) 你们家的事儿谁________？

(5) 有的事儿男人能做，________也能做。

(6) 快考试了，我们每天都忙得________。

(7) 下班以后，丈夫和妻子一起忙________。

(8) 那个孩子________真高，有一米八。

(9) 星期天我们________时候去公园玩儿，________时候去看电影。

(10) 她把那个病人推进了________。

(11) 你说的事情很________，我们得了解了解。

(12) 老李有________，每年冬天咳嗽得很厉害。

(13) 在中国，很多爸爸妈妈管孩子管得很________。

(14) 新年的时候孩子们喜欢玩儿________。

（15）说话的时候不能前后________。

（16）我跟他有________，关系不太好。

（17）多子多福是旧的________，应该改变。

（18）改变一种________是很不容易的。

（19）那个人爱________，他说他三岁就会画画儿。

（20）A：那张桌子呢？

B：我________它搬到楼上去了。

## （三）句型　Sentence patterns

### 1. 替换　Substitution

（1）他把孩子 接回 家去了。

| | | |
|---|---|---|
| 孩子 | 送到 | 幼儿园 |
| 那个女人 | 送到 | 医院 |
| 那个病人 | 推进 | 病房 |
| 那个老人 | 背下 | 山 |
| 那些学生 | 带上 | 山 |
| 那个孩子 | 抱上 | 楼 |
| 那个茶几 | 搬到 | 楼上 |
| 沙发 | 搬进 | 客厅 |
| 那本杂志 | 还回 | 阅览室 |
| 牛 | 拉到 | 地里 |

（2）他把孩子 接回 家来了。

| | | |
|---|---|---|
| 孩子 | 送到 | 学校 |
| 那个女人 | 送到 | 医院 |
| 那个病人 | 推进 | 病房 |
| 那个老人 | 背下 | 山 |
| 那些学生 | 带上 | 山 |
| 那个孩子 | 抱上 | 楼 |

| | | |
|---|---|---|
| 那个茶几 | 搬到 | 卧室 |
| 沙发 | 搬进 | 书房 |
| 牛 | 拉回 | 家 |

（3）她说着说着，笑了起来。

| | |
|---|---|
| 说 | 骂 |
| 想 | 站 |
| 看 | 哭 |
| 听 | 笑 |
| 走 | 唱 |
| 唱 | 跳 |
| 吃 | 玩儿 |
| 睡 | 喊 |
| 说 | 打 |

（4）她写着写着，睡着了。

想　看　听　吃

2. 把下列句子改成“把”字句，并体会两个句子有什么不同　Change the following sentences into 把-sentences and pay attention to the differences of the two sentences

（1）沙发搬到窗户旁边去了。

（2）那块牌子挂到门上边去了。

（3）蛋糕拿到厨房去了吗？

（4）电灯挂到门外边了吗？

（5）物理课本、数学课本和地理课本都放到书架上去了。

（6）你带他到我的办公室去吧。

（7）你送客人们回宾馆去吧。

（8）我送贝拉到火车站。

（9）我们送艾米到飞机场。

（10）我们送那个病人到附近的医院。

（四）按照下列情景，用本课句型说话　Have a conversation on the following topics with the patterns in the text

（1）以家庭生活为话题跟你的同学谈话，了解和介绍各自国家的情况。

（2）课后跟中国朋友谈一谈各自国家的家庭生活是怎样的。

## 四 家庭作业 Homework

（一）词语　Words and phrases

用下列生词至少组成两个短语　Make at least two phrases with each of the following words

| | |
|---|---|
| （1）过去：________ ________ | （2）相信：________ ________ |
| （3）观念：________ ________ | （4）矛盾：________ ________ |
| （5）有的：________ ________ | （6）平等：________ ________ |
| （7）重要：________ ________ | （8）病房：________ ________ |

（二）阅读　Reading

**我的女儿最漂亮**

小张和小李都有一个女儿，他们的女儿是同年同月同日生的，个子一般高，今年都是四岁，而且在同一个幼儿园里上学。

有一天，小张给女儿买了一件漂亮的衣服，可是他有急事，就请小李把衣服带到幼儿园去送给他的女儿。小李说："我不认识你的女儿，我把衣服给谁呀？"小张说："我女儿是幼儿园里最漂亮的，你把衣服给那个最漂亮的孩子就行了。"

小李来到幼儿园，孩子们正在外边玩儿呢。他看了半天，最后把衣服给了自己的女儿。

第二天，小张问小李："你为什么把我买的衣服给了你女儿？"小李回答："你不是说把衣服给幼儿园里最漂亮的孩子吗？我看了半天，觉得幼儿园里最漂亮的孩子就是我女儿。"

1. 把课文中的"把"字句挑出来，想一想这些句子不用"把"字句可以不可以；如果可以，应该怎么说　Pick out the 把-sentences from the text, and think about whether it's necessary to use 把-sentences; if not, how should we say

2. 这个故事表现了中国人的一种观念，你知道是什么吗？　This story shows a concept of Chinese people, do you know what it is?

3. "孩子是自己家的好。"你同意这种观念吗？你们国家的人有没有这种观念？　"Every mother's child is handsome." Do you agree with this idea? Do people in your country have this idea?

（三）写作练习　Writing

（1）把课文改成叙述体，简单介绍彼得、赵林、杨静谈话的内容。

（2）书面介绍一下你们国家家庭生活的情况。

## 五 语法 Grammar

### （一）"把"字句（1）　把-sentence (1)

如果要强调通过动作使受事发生位移，同时又强调受事成为主话题时，我们一般要用"把"字句。这种"把"字句的语序是：

If the stress on the patient of an action becomes the main topic, and meanwhile if the intentional disposal of the agent of the action to the patient and the displacement of the patient are stressed, 把-sentence should be used. The structural order of such sentences is as follows:

施事主语 + 把 + 受事宾语 + 动词述语 + 趋向补语 + 方位（处所）宾语

agent subject + 把 + patient object + verbal predicative + directional complement + locative object

（1）他把孩子接回家去了。

（2）他把那张桌子搬到楼上去了。

**注意：**（1）在这种“把”字句中，施事主语是次话题，受事宾语是后置的主话题。（2）受事必须是确指的，至少在说话人的心里是确指的。

**Points for attention:** (1) In this type of 把-sentence, agent subject is the secondary topic, but patient object after it is the main topic. (2) The patient of the action must be definite, at least the speaker thinks that it is definite.

### （二）“……着……着”　The structure “……着……着”

动词带动态助词“着”，可重复。这种重复形式一般表示一个动作在进行过程中忽然停了下来转而发生另一动作。例如：

A verb followed by the aspectual particle “着” can be reduplicated. This reduplication usually indicates that an action in progress stops suddenly, and is followed by another action. For example:

（1）他说着说着，笑了起来。

（2）他想着想着，站了起来。

# Dì-jiǔ kè 第九课 去友谊医院怎么走

## 一 课文 Text

（一）

不知道是什么原因，山本正两天没来上课了。他平时学习努力，遵守纪律，要是有事不能上课，一定会向老师请假。因此，课间休息的时候，大内上子给山本正住的宾馆打了个电话。宾馆服务员告诉她，前天晚上山本正生病，住进了友谊医院。

下课以后，同学们商量了一下儿，决定派大内上子和金汉成代表全班去看望山本正。

（二）

（下课以后，大内请王欢老师帮她查地图）

大　内：王老师，去友谊医院怎么走，您可以帮我查一下地图吗？

王　欢：你生病了？

大　内：不是。山本正住院了，我和金汉成一块儿去看看他。

王　欢：原来是山本生病了，怪不得他昨天跟我请假了。你们坐车去还是骑车去？

大　内：坐车怎么走？

王　欢：去友谊医院，坐公共汽车的话，可以先坐332路到动物园，然后换——我看看地图，然后换15路到友谊医院下车。

大　内：骑车呢？

王　欢：要是骑自行车，就沿着二环路一直走，到和平门往右拐，再顺着15路车的路线，骑十几分钟就到了。

大　内：您说，骑车好还是坐车好？

王　欢：这几天天气热得要命，公共汽车上又挤得要死。我看还是骑车好。

大　内：那好，听您的。

王　欢：路边有共享单车，很方便。我带你去看看，告诉你怎么用。

大　内：太好了！给您添麻烦了。

王　欢：别客气。路上人多，车多，你刚学会骑车，过马路千万要小心。

大　内：王老师，您放心吧。我们一定会注意交通安全的。

王　欢：对了，这儿有山本一个快递，请你把这个快递交给他。代我问候他，有时间我去看他。

## 二 生词 New words

| | | | |
|---|---|---|---|
| 1. 平时 | （名） | píngshí | in normal times, at ordinary times |
| 2. 遵守 | （动） | zūnshǒu | to obey, to abide by |
| 3. 纪律 | （名） | jìlǜ | discipline |
| 4. 因此 | （连） | yīncǐ | therefore, consequently, hence |
| 5. 课间 | （名） | kèjiān | break between classes |

| | | | |
|---|---|---|---|
| 6. 生病 | （动） | shēngbìng | to fall ill, to get ill |
| 生 | （动） | shēng | to get, to fall (ill) |
| 7. 派 | （动） | pài | to send, to dispatch, to assign |
| 8. 看望 | （动） | kànwàng | to see, to visit, to call on |
| 9. 住院 | （动） | zhùyuàn | to be in hospital, to be hospitalized |
| 10. 的话 | （助） | dehuà | if (used to express a condition) |
| 11. 二环路 | | èr-huánlù | the second ring road |
| 环路 | （名） | huánlù | ring road |
| 环 | （名） | huán | ring, hoop |
| 12. 拐 | （动） | guǎi | to turn |
| 13. 顺 | （介） | shùn | along, in the direction of |
| 14. 路线 | （名） | lùxiàn | route |
| 15. 要命 | （动） | yàomìng | extremely, awfully |
| 命 | （名） | mìng | life, fate |
| 要死 | （动） | yàosǐ | extremely |
| 16. 共享单车 | | gòngxiǎng dānchē | shared-bike |
| 共享 | （动） | gòngxiǎng | to share, to enjoy together |
| 单车 | （名） | dānchē | bicycle |
| 17. 添 | （动） | tiān | to add, to increase |
| 18. 马路 | （名） | mǎlù | street, road, avenue |
| 19. 千万 | （副） | qiānwàn | to be sure to |
| 20. 小心 | （动） | xiǎoxīn | to be careful, to be cautious, to take care |
| 21. 交通 | （名） | jiāotōng | traffic, transportation |
| 22. 安全 | （形） | ānquán | safe, secure |
| 23. 快递 | （名） | kuàidì | express delivery |
| 24. 代 | （动） | dài | to take the place of, to be in place of |

## 补充词汇　Supplementary words

| | | | |
|---|---|---|---|
| 1. 粗心 | （形） | cūxīn | careless |
| 2. 方向 | （名） | fāngxiàng | direction, orientation |
| 3. 汽车站 | （名） | qìchēzhàn | bus station |
| 站 | （名） | zhàn | stop, station |

| | | | |
|---|---|---|---|
| 4. 种 | (动) | zhòng | to plant, to grow |
| 5. 钥匙 | (名) | yàoshi | key |
| 6. 丢 | (动) | diū | to lose, to be missing, to throw |
| 7. 口袋 | (名) | kǒudai | pocket |
| 8. 十字路口 | | shízì lùkǒu | crossroads, the four corners |
| 路口 | (名) | lùkǒu | crossing, intersection |
| 9. 大约 | (副) | dàyuē | about, approximately, probably |
| 10. 运动员 | (名) | yùndòngyuán | athlete, player |
| 11. 饿 | (形) | è | hungry |
| 12. 困 | (形) | kùn | sleepy, tired, weary |
| 13. 丁字路口 | | dīngzì lùkǒu | T-junction, T-crossing |
| 14. 红绿灯 | (名) | hóng-lǜdēng | traffic light |
| 15. 抽屉 | (名) | chōuti | drawer |
| 16. 既……也…… | | jì…yě… | both…and… |
| 17. 摸 | (动) | mō | to feel for, to fumble, to touch |
| 18. 不是……就是…… | | bú shì…jiù shì… | either…or… |

**专名 Proper nouns**

| | | |
|---|---|---|
| 1. 和平门 | Hépíng Mén | name of a place |
| 2. 西直门 | Xīzhí Mén | name of a place |
| 3. 复兴门 | Fùxīng Mén | name of a place |
| 4. 刘江 | Liú Jiāng | name of a person |
| 5. 高敏 | Gāo Mǐn | name of a person |

## 三 课堂练习 Exercises

### (一) 语音 Pronunciation

1. 朗读定调音节 Read aloud the syllables and pay attention to the tones

| | | | | |
|---|---|---|---|---|
| 都听 | 还听 | 也听 | 再听 | 听的 |
| 都读 | 还读 | 也读 | 再读 | 读的 |

| | | | | |
|---|---|---|---|---|
| 都写 | 还写 | 也写 | 再写 | 写的 |
| 都看 | 还看 | 也看 | 再看 | 看的 |

2. 辨音辨调　Distinguish the sounds and tones

| | | | | | |
|---|---|---|---|---|---|
| yīncǐ | 因此 | dǎting | 打听 | lùxiàng | 录像 |
| yīngchǐ | 英尺 | dàtīng | 大厅 | lùxiàn | 路线 |
| yàomíng | 药名 | qiánwǎng | 前往 | xiǎoxīn | 小心 |
| yàomìng | 要命 | qiānwàn | 千万 | xiàoxīng | 笑星 |
| cūxīn | 粗心 | huāpíng | 花瓶 | fāngxiàng | 方向 |
| cúnxīn | 存心 | hépíng | 和平 | fángxiàn | 防线 |

3. 三音节声调　Tones of tri-syllables

| | | | |
|---|---|---|---|
| chūzūchē | 出租车 | tóubānchē | 头班车 |
| xiāofángchē | 消防车 | chángtúchē | 长途车 |
| fāndǒuchē | 翻斗车 | jípǔchē | 吉普车 |
| jīdòngchē | 机动车 | jíjiùchē | 急救车 |
| zhǐhuīchē | 指挥车 | mòbānchē | 末班车 |
| chǎngpéngchē | 敞篷车 | zìxíngchē | 自行车 |
| sǎshuǐchē | 洒水车 | jiùhuǒchē | 救火车 |
| tǎnkèchē | 坦克车 | jiùhùchē | 救护车 |

4. 重音　Stress

（1）我把自行车放在宿舍门口了。

（2）我把词典放在书架上了。

（3）我把那本小说还给图书馆了。

（4）我把快递单交给大内了。

(5) 我把那块儿丝绸做成衬衫了。

(6) 我把美元换成人民币了。

## (二) 词语 Words and phrases

从本课生词表中选择合适的词语填空 Fill in the blanks with the appropriate new words from this lesson

(1) 赵林每个星期天都去________他奶奶。

(2) 你在汽车________等我。

(3) 彼得________起得很早，只有星期天才起得比较晚。

(4) 这些钱放在家里不________，把它存到银行去吧。

(5) 院子里________了很多花儿。

(6) 后天有考试，________别忘了告诉山本。

(7) 路上人多，车多，骑自行车千万要________。

(8) 小李病得很厉害，他________了。

(9) 你的钥匙没________，在我衣服________里呢。

(10) ________休息的时候，你不在教室，去哪儿了？

(11) 你太________了，今天又丢了________。

(12) 学校________方老师去美国教汉语。

(13) 实在不好意思，给您________麻烦了。

(14) 请________我问候你的父亲、母亲。

(15) 这几天冷得________，不少人得了感冒。

(16) 沿着这条路一直走，到十字路口向右________。

(17) 从宿舍到教学楼走________五分钟就到了。

(18) 从宿舍到教学楼________走五分钟就到了。

(19) 顺着15路车的________骑，就能到友谊医院。

(20) 小孩子过马路要注意________安全。

(21) 你的________错了，应该往南走，不是往北走。

### （三）句型　Sentence patterns

#### 1. 替换　Substitution

（1）A：你把<u>自行车</u> <u>放</u>在哪儿了？

B：我把<u>自行车</u> <u>放</u>在<u>宿舍门口</u>了。

| | | |
|---|---|---|
| 蛋糕 | 放 | 厨房里 |
| 画儿 | 挂 | 墙上 |
| 名字 | 写 | 本子上 |
| 花儿 | 种 | 院子里 |
| 邮票 | 贴 | 信封上面 |
| 照片 | 放 | 书里 |
| 地毯 | 铺 | 卧室里 |
| 年龄 | 填 | 单子上边 |

（2）A：他把<u>照片</u> <u>送</u>给谁了？

B：他把<u>照片</u> <u>送</u>给<u>马教授</u>了。

| | | |
|---|---|---|
| 礼物 | 送 | 吴小姐 |
| 快递 | 寄 | 钱先生 |
| 作业 | 交 | 孙老师 |
| 足球 | 交 | 那个运动员 |
| 小说 | 还 | 周教授 |
| 自行车 | 借 | 贝拉 |
| 电脑 | 卖 | 丁兰 |
| 面包 | 带 | 小女儿 |

（3）<u>我</u> <u>累</u>得要命。

| | |
|---|---|
| 我 | 渴 |
| 我 | 饿 |
| 我 | 疼 |
| 我 | 困 |
| 这儿 | 热 |

| | |
|---|---|
| 这儿 | 冷 |
| 车上 | 挤 |
| 丝绸 | 贵 |

（4）我 累得要死。

| | |
|---|---|
| 我 | 渴 |
| 我 | 饿 |
| 我 | 疼 |
| 我 | 困 |
| 这儿 | 热 |
| 这儿 | 冷 |
| 车上 | 挤 |
| 丝绸 | 贵 |

（5）一直走，到和平门往右拐。

| | |
|---|---|
| 第一个十字路口 | 左 |
| 丁字路口 | 右 |
| 前边的红绿灯 | 左 |
| 西直门 | 南 |
| 地铁站 | 北 |
| 复兴门 | 东 |
| 那座白楼 | 西 |

2. 把下列句子改成“把”字句，并体会两个句子有什么不同　Change the following sentences into 把-sentences and pay attention to the differences of the two sentences

（1）那些钱存在银行里了。

（2）毛衣挂在衣柜里了。

（3）那幅山水画儿挂在书房里了。

（4）那些照片存在电脑里了。

(5) 你的机票放在抽屉里了。

(6) 那块儿丝绸送给丁兰了。

(7) 那些花儿送给李大夫了。

(8) 那瓶果汁儿你放在哪儿了？

(9) 我的西服你放在哪儿了？

(10) 昨天的作业你交给谁了？

（四）按照下列情景，用本课句型说话　Have a conversation on the following topics with the patterns in the text

(1) 问和回答：从教学楼去图书馆怎么走？

(2) 问和回答：从学校去附近的银行怎么走？

(3) 问和回答：从学校到你想去的地方怎么走？

## 四 家庭作业 Homework

（一）词语　Words and phrases

用下列生词至少组成两个短语　Make at least two phrases with each of the following words

(1) 遵守：________ ________　　(2) 看望：________ ________

(3) 交通：________ ________　　(4) 千万：________ ________

(5) 小心：________ ________　　(6) 安全：________ ________

(7) 添：________ ________　　(8) 派：________ ________

（二）阅读　Reading

**我既没丢也没忘**

刘江喜欢旅游。今年夏天，他和爱人高敏带着儿子去南方旅行。他们到了南京，去了上海，逛了西湖，游了桂林，一家人玩儿得高兴极了。

这一天，他们回到北京，来到家门口，刘江一摸衣服口袋说："哎呀，我把钥匙丢了！"儿子说："我走的时候忘了带钥匙了。"

高敏生气地对丈夫和儿子说："你们男人办什么事都这么粗心，不是忘了就是丢了。我跟你们不一样，我既没丢也没忘。""您的钥匙呢？"儿子问。"我把它放在客厅桌子左边的抽屉里了。"

1. 判别正误　True or false

（1）今年夏天，刘江一家人到南方旅行，他们去了四个城市。（　）

（2）刘江的钥匙在衣服口袋里。（　）

（3）儿子忘了钥匙放在什么地方。（　）

（4）高敏办事不粗心。（　）

（5）高敏的丈夫把钥匙丢了。（　）

2. 选择正确答案　Choose the right answer

（1）刘江一家人能不能进他们的家？

A. 能进去，因为高敏的钥匙既没丢也没忘

B. 不能进去，因为他们三个人现在都没有钥匙

（2）高敏的钥匙在哪儿？

A. 在客厅里

B. 在客厅的桌子上

C. 在客厅的抽屉里

D. 在客厅桌子左边的抽屉里

3. 朗读课文　Read aloud the text

## （三）成段表达　Expressions in paragraph

不知道什么________，赵林今天没来________。他________工作认真，遵守________，要是有病或有事不能上班，一定会向主任________。因此，中午老张给赵林家打了个________。赵林的妻子说，

昨天夜里赵林________病了，今天上午把他送进了________。她刚从医院回来，想下午打电话给赵林请假。下班以后，老张和老李要去医院________赵林。

（四）写作练习　Writing

讲述你一次问路的经历并写下来

## 五 语法 Grammar

### （一）“把”字句（2）　把-sentence (2)

如果要强调通过动作使受事处于某处或使受事从一方转移到另一方，同时又强调受事成为主话题时，我们一般也要用“把”字句。这种“把”字句的语序是：

If the stress on the patient of an action becomes the main topic, and meanwhile if the intentional disposal of the agent of the action to the patient and the location or the relations transfer of the patient are stressed, 把-sentence should be used. The structural order of this type of sentence is as follows:

施事主语 + 把 + 受事宾语 + 动词述语 + 结果补语（在/给）+ 方位（处所）对象宾语

agent subject + 把 + patient object + verbal predicative + resultative complement (在/给) + locative/indirect object

（1）我把车放在宿舍门口了。

（2）请你把这封信和快递单一起交给他。

### （二）程度补语（2）　Degree complement (2)

形容词述语可通过结构助词“得”带程度补语。这种程度补语由“不得了、要死、要命”及“很”充当。例如：

An adjectival predicative can be followed by a degree complement via the structural particle “得”, “不得了” “要死” “要命” and “很” function as this kind of complement. For example:

（1）丝绸贵得不得了。

（2）他累得要死。

（3）我疼得要命。

（4）今天的气温高得很。

Dì-shí kè
# 第十课 过两天就可以出院

## 一 课文 Text

### （一）

下午四点，大内上子和金汉成来到了友谊医院。

这家医院很大，前面是门诊部和急诊室，后面是住院部。山本正住在内科病房312号。他们俩找到内科病房，护士告诉他们，山本正得的是急性肠胃炎，经过打针吃药，现在已经好多了，过两天就可以出院。大内上子和金汉成对大夫和护士表示感谢。

### （二）

（护士小姐把他们带到山本正的病房）

大　内：山本，我们看你来了。

金汉成：怎么样，好点儿了吗？

山　本：好多了。快请坐。

金汉成：我们俩代表全班同学来看望你。这是同学们给你买的水果和鲜花。

大　内：我们把你的快递带来了。王欢老师向你表示问候，他说有时间来看你。

山　本：谢谢老师，谢谢同学们。我过两天就出院了，告诉老师和同学们别来了。

大　内：听大夫说你得的是肠胃炎，肚子还疼吗？

山　本：不疼了，腹泻也止住了。

金汉成：大夫给你开的什么药？

山　本：有西药也有中药。你们看，这是药片儿，每天三次，每次两片儿。

大　内：这是什么药？

山　本：丸药。

大　内：苦吧？

山　本：中药哪儿有不苦的？俗话说，“良药苦口利于病”嘛！

金汉成：你一个人在这儿寂寞吗？

山　本：还行。大夫和护士对我挺关心的。他们经常跟我聊天儿，还给我报纸和杂志看。

金汉成：看来，在中国生病住院也不错。

大　内：什么意思？

金汉成：大夫和护士都是老师，和他们在一起又能练习听力，又能练习口语。

大　内：那你也得一次肠胃炎，来这儿住几天。

## 二 生词 New words

| | | | |
|---|---|---|---|
| 1. 出院 | （动） | chūyuàn | to be discharged from hospital after recovery |
| 2. 门诊部 | （名） | ménzhěnbù | outpatient department |
| 部 | | bù | department |
| 3. 急诊室 | （名） | jízhěnshì | emergency room |
| 4. 内科 | （名） | nèikē | internal medicine, department of internal medicine |
| 内 | | nèi | inner, inside |
| 科 | （名） | kē | a branch of academic or vocational study |
| 5. 护士 | （名） | hùshi | nurse |
| 6. 急性 | （形） | jíxìng | acute |

| | | | |
|---|---|---|---|
| ……性 | | …xìng | (suffix, indicating state, nature, quality, manner and so on) |
| 7. 肠胃炎 | （名） | chángwèiyán | enterogastritis, gastroenteritis |
| 肠 | （名） | cháng | intestines |
| 胃 | （名） | wèi | stomach |
| 8. 表示 | （动） | biǎoshì | to indicate, to show, to express |
| 9. 鲜花 | （名） | xiānhuā | fresh flower, flower |
| 鲜 | （形） | xiān | fresh |
| 10. 腹泻 | （动） | fùxiè | to have diarrhea |
| 腹 | （名） | fù | abdomen, belly |
| 泻 | （动） | xiè | to have diarrhea |
| 11. 止 | （动） | zhǐ | to stop |
| 12. 苦 | （形） | kǔ | bitter |
| 13. 良药苦口利于病 | | liángyào kǔkǒu lìyú bìng | Bitter pills may have wholesome effects. |
| 良 | （形） | liáng | good, fine |
| 利于 | （动） | lìyú | to be good for |
| 14. 嘛 | （助） | ma | (a modal particle) |
| 15. 寂寞 | （形） | jìmò | lonely |
| 16. 报纸 | （名） | bàozhǐ | newspaper |

## 补充词汇　Supplementary words

| | | | |
|---|---|---|---|
| 1. 检查 | （动） | jiǎnchá | to check up, to inspect |
| 2. 树林 | （名） | shùlín | woods, grove |
| 树 | （名） | shù | tree |
| 3. 天使 | （名） | tiānshǐ | angel |
| 4. 花园 | （名） | huāyuán | garden |
| 5. 盲肠炎 | （名） | mángchángyán | appendicitis |
| 盲肠 | （名） | mángcháng | cecum |
| 6. 外科 | （名） | wàikē | surgery department, surgical |
| 7. 棵 | （量） | kē | a measure word for plants |
| 8. 必须 | （副） | bìxū | must, have to |
| 必 | （副） | bì | must; certainly, necessarily |
| 9. 木 | | mù | wood |

| | | | |
|---|---|---|---|
| 10. 手术 | （名） | shǒushù | operation |
| 11. 治疗 | （动） | zhìliáo | to cure, to treat |
| 12. 优美 | （形） | yōuměi | graceful, fine, exquisite |
| 13. 花草 | （名） | huācǎo | flowers and plants |
| 草 | （名） | cǎo | grass |
| 14. 病人 | （名） | bìngrén | patient |
| 15. 当作 | （动） | dàngzuò | to treat as, to regard as, to look upon as |
| 16. 亲人 | （名） | qīnrén | one's family members |

## 二 课堂练习 Exercises

### （一）语音 Pronunciation

1. 朗读定调音节 Read aloud the syllables and pay attention to the tones

| | | | | |
|---|---|---|---|---|
| 都听 | 还听 | 也听 | 再听 | 听的 |
| 都读 | 还读 | 也读 | 再读 | 读的 |
| 都写 | 还写 | 也写 | 再写 | 写的 |
| 都看 | 还看 | 也看 | 再看 | 看的 |

2. 辨音辨调 Distinguish the sounds and tones

| | | | | | |
|---|---|---|---|---|---|
| jíxìng | 急性 | fùxiě | 复写 | jìmò | 寂寞 |
| jíxiàn | 极限 | fùxiè | 腹泻 | jípò | 急迫 |
| bàozhǐ | 报纸 | jiānchá | 监察 | shùlíng | 树龄 |
| bāozi | 包子 | jiǎnchá | 检查 | shùlín | 树林 |
| tiānshí | 天时 | huāyuán | 花园 | hùshi | 护士 |
| tiānshǐ | 天使 | huàyàn | 化验 | huòshì | 祸事 |

3. 三音节声调　Tones of tri-syllables

| | | | |
|---|---|---|---|
| zhōngyīxué | 中医学 | érkēxué | 儿科学 |
| tiānwénxué | 天文学 | yíchuánxué | 遗传学 |
| xīnlǐxué | 心理学 | lúnlǐxué | 伦理学 |
| jīngjìxué | 经济学 | rénlèixué | 人类学 |
| yǔyīnxué | 语音学 | nèikēxué | 内科学 |
| yǔyánxué | 语言学 | cèliángxué | 测量学 |
| yǔfǎxué | 语法学 | wùlǐxué | 物理学 |
| yǔyòngxué | 语用学 | jiàoyùxué | 教育学 |

4. “两”和“几”的重音　Stress of “两” and “几”

（1）我再过两天就可以出院。

（2）我过两天就可以出院。

（3）他在书店买了一本词典和两本书。

（4）他想去书店买两本书。

（5）你们班有几个学生？

（6）他们班有几个学生感冒了。

（7）你在医院住了几天？

（8）你要是觉得医院好，也来这儿住上几天。

（二）词语　Words and phrases

从本课生词表中选择合适的词语填空　Fill in the blanks with the appropriate new words from this lesson

（1）赵大海的妻子是友谊医院的________。

（2）我的病已经好了，明天________。

（3）经过________，大夫说他得了________。

（4）我们每年________一次身体。

（5）那个姑娘真像一个美丽的________。

（6）客人们向主人________感谢。

（7）张老师向你________问候。

（8）晚饭以后方龙坐在沙发上一边喝茶一边看________。

（9）大夫，我挂一个号，挂________。

（10）现在是中午，门诊休息了，你得去________看病。

（11）楼后边有一片小________。

（12）那棵________长得真高。

（13）我没吃过中药，听说很________。

（14）你的________止住了吗？肚子还疼不疼？

（15）你病得很厉害，________马上住院。

（16）别人都去旅游了，你一个人在家里________吗？

（17）他昨天吃的东西不干净，得了急性________。

（18）这是我和大内送给你的________花，祝你早日恢复健康。

（19）两个________字念“林”，意思是很多树长在一起。

## （三）功能会话：听后模仿　Functional conversations: listen and imitate

### 1. 询问年龄　Asking about age

（1）A：你/您是哪年出生的？（问孩子/大人）

B：我是兔年出生的，属兔。

（2）A：你/您是属什么的？

B：我属猴。

（3）A：你今年多大啦？（问比自己小的人）

B：我今年十九岁。

（4）A：你多大啦？

B：二十八岁。

（5）A：你二十几了？

B：二十二了。

（6）A：你有四十吗？

B：四十三了。

（7）A：你几岁了？（问孩子）

B：八岁。

（8）A：你十几了？

B：十三了。

（9）A：您多大年纪了？（问老人）

B：六十六了。

（10）A：你奶奶今年多大岁数？

B：八十三岁。

（11）A：您今年高寿？（问老人）

B：八十五岁了。

2. 询问人或物的方位或处所　Asking about the location of people or things

（1）A：食堂在哪儿？

B：食堂在宿舍楼后边。

（2）A：你家在哪儿？

B：我家在郊区。

（3）A：小王家在哪儿？

B：他家在那个楼前边。

（4）A：图书馆在哪儿？

B：图书馆在办公楼旁边。

3. 询问动作者　Asking about the doers

（1）A：谁想去呢？

B：没人想去。

（2）A：谁能解决呢？

B：没人能解决。

（3）A：谁从那边走过来了？

B：方老师从那边走过来了。

（4）A：谁送给她一本词典？

B：方云天送给她一本词典。

4. 询问动作发生的处所　Asking about the place where an action takes place

（1）A：你从哪儿走？

B：我从宾馆走。

（2）A：我在哪儿等你？

B：你在体育场南门等我。

5. 询问动作的状态和结果　Asking about the stage and result of an action

（1）A：他们赛上足球了吗？

B：他们已经赛上足球了。

（2）A：他们班学到多少课了？

B：他们班学到第四十课了。

（3）A：你找着手表没有？

B：找着了。

（4）A：你做完作业了吗？

B：还没做完呢。

（5）A：丁兰爬上山顶了吗？

B：她爬上山顶了。

（6）A：他住上新楼了吗？

B：他住上新楼了。

（7）A：你做完了练习没有？

B：我做完练习了。

（8）A：你搬完家了没有？

B：我搬完家了。

(9) A：你单子填好了吗？

B：我单子填好了。

(10) A：你自行车修好了吗？

B：修好了。

(11) A：这个句子你看懂了吗？

B：看懂了。

(12) A：课文复习得怎么样啦？

B：已经复习完了。

6. 提醒别人注意　Calling sb.'s attention

(1) A：你看，外边在下雨呢。

B：没关系，我带上伞了。

(2) A：你看，雨下大了。

B：没事儿，我坐出租车去。

(3) A：你看，他长高了。

B：可不是嘛！

(4) A：听，有人敲门。

B：请进。

(5) A：听，有人喊你。

B：我在这儿呢。

## 四 家庭作业 Homework

### (一) 词语　Words and phrases

用下列生词至少组成两个短语　Make at least two phrases with each of the following words

(1) 优美：________ ________　　(2) 表示：________ ________

(3) 寂寞：________ ________　　(4) 报纸：________ ________

（5）检查：________ ________　　（6）必须：________ ________

（7）治疗：________ ________　　（8）急性：________ ________

## （二）阅读　Reading

### 白衣天使

前天晚上，金汉成突然发烧，而且肚子疼得很厉害。宾馆的服务员连忙叫来出租车，把他送进了友谊医院。

大夫们为金汉成进行了认真的检查和化验，说他得的是急性盲肠炎，必须住院进行手术治疗。手术很成功，经过打针吃药，金汉成觉得肚子不疼了。但是，他还要在医院再住几天，不能马上出院。

这家医院很大。住院部前边是门诊部和急诊室，旁边有一个大花园，里面开满了鲜花。住院部后边有一片树林，还有一条小河。这里环境优美，到处是花草树木。

医院的大夫和护士对病人们很关心。他们怕金汉成一个人住在这儿感到寂寞，就常常陪他聊天儿。金汉成说："这儿的大夫、护士真好，他们把病人当作朋友和亲人，是真正的白衣天使。"

1. 读后说（不看书）　Retell the reading without looking at it

（1）前天晚上金汉成怎么了？

（2）他现在觉得怎么样？

（3）友谊医院的环境怎么样？

（4）这家医院的大夫怎么样？

2. 朗读课文　Read aloud the text

## （三）写作练习　Writing

讲述你一次看病的经历并写下来

## 五 语法 Grammar

### 主语的成分 Components of subject

主语可由名词或名词性短语、代词、数量词、“的”字短语充当，也可由形容词或形容词性短语、动词或动词性短语以及主谓短语充当。例如：

A noun, a nominal phrase, a pronoun, a numeral classifier phrase or a 的-phrase can function as a subject, and an adjective, an adjectival phrase, a verb, a verbal phrase or a subject predicate phrase also can function as a subject. For example:

（1）外边||下雨了！

（2）我们的学校||有很多教学楼。

（3）他||是我的好朋友。

（4）一斤||多少钱？

（5）我借的||已经还了。

（6）健康||是最重要的。

（7）忙点儿||好。

（8）跑步||是他最大的爱好。

（9）干不干||随便你。

（10）他来管理图书馆||很不合适。

# Glossary
# 词汇总表

| | | | |
|---|---|---|---|
| **A** | | | |
| 阿 | | ā | 7 |
| 阿姨 | （名） | āyí | 7 |
| 啊 | （助） | a | 1 |
| 哎 | （叹） | āi | 1 |
| 安全 | （形） | ānquán | 9 |
| **B** | | | |
| 把 | （介） | bǎ | 8 |
| 白酒 | （名） | báijiǔ | 6 |
| 保龄球 | （名） | bǎolíngqiú | 5 |
| 保证 | （动） | bǎozhèng | 4 |
| 保证书 | （名） | bǎozhèngshū | 4 |
| 抱 | （动） | bào | 8 |
| 抱歉 | （形） | bàoqiàn | 2 |
| 报名 | （动） | bàomíng | 1 |
| 报纸 | （名） | bàozhǐ | 10 |
| 背 | （动） | bēi | 8 |
| 北面 | （名） | běimiàn | 2 |
| 本 | （代） | běn | 4 |
| 比较 | （动） | bǐjiào | 5 |
| 必 | （副） | bì | 10 |
| 必须 | （副） | bìxū | 10 |
| 毕业 | （动） | bìyè | 4 |
| 遍 | （动、量） | biàn | 3 |
| 表示 | （动） | biǎoshì | 10 |
| 表扬 | （动） | biǎoyáng | 2 |
| 兵 | （名） | bīng | 3 |
| 兵马俑 | （名） | bīngmǎyǒng | 3 |
| 并 | （副） | bìng | 6 |
| 病房 | （名） | bìngfáng | 8 |
| 病人 | （名） | bìngrén | 10 |
| 不但 | （连） | búdàn | 1 |
| 不见不散 | | bújiàn-búsàn | 2 |
| 不是……就是…… | | bú shì… jiù shì… | 9 |
| 部 | | bù | 10 |
| 不得了 | （形） | bùdéliǎo | 8 |
| **C** | | | |
| 菜单 | （名） | càidān | 6 |
| 菜名儿 | （名） | càimíngr | 5 |
| 参观 | （动） | cānguān | 3 |
| 草 | （名） | cǎo | 10 |
| 曾 | （副） | céng | 3 |
| 曾经 | （副） | céngjīng | 3 |
| 茶几 | （名） | chájī | 7 |
| 差不多 | （副） | chàbuduō | 5 |
| 肠 | （名） | cháng | 10 |
| 肠胃炎 | （名） | chángwèiyán | 10 |
| 炒 | （动） | chǎo | 6 |
| 成功 | （动） | chénggōng | 4 |
| 诚信 | （形） | chéngxìn | 2 |
| 抽 | （动） | chōu | 4 |
| 抽屉 | （名） | chōuti | 9 |
| 出院 | （动） | chūyuàn | 10 |
| 厨房 | （名） | chúfáng | 7 |
| 船 | （名） | chuán | 3 |
| 吹牛 | （动） | chuīniú | 8 |

| | | | |
|---|---|---|---|
| 匆匆忙忙 | | cōngcōngmáng máng | 2 |
| 匆忙 | （形） | cōngmáng | 2 |
| 从来 | （副） | cónglái | 6 |
| 粗心 | （形） | cūxīn | 9 |
| **D** | | | |
| 答应 | （动） | dāying | 5 |
| 打的 | （动） | dǎdī | 4 |
| 打着灯笼也难找 | | dǎzhe dēnglong yě nán zhǎo | 8 |
| 打字 | （动） | dǎzì | 1 |
| 大熊猫 | （名） | dàxióngmāo | 3 |
| 大约 | （副） | dàyuē | 9 |
| 代 | （名） | dài | 8 |
| 代 | （动） | dài | 9 |
| 单车 | （名） | dānchē | 9 |
| 当地 | （名） | dāngdì | 5 |
| 当时 | （名） | dāngshí | 2 |
| 当作 | （动） | dàngzuò | 10 |
| 倒 | （副） | dào | 4 |
| 道歉 | （动） | dàoqiàn | 2 |
| 的话 | （助） | dehuà | 9 |
| 灯 | （名） | dēng | 8 |
| 灯笼 | （名） | dēnglong | 8 |
| 的确 | （副） | díquè | 6 |
| 第 | | dì | 2 |
| 地点 | （名） | dìdiǎn | 1 |
| 地理 | （名） | dìlǐ | 8 |
| 地毯 | （名） | dìtǎn | 7 |
| 地铁 | （名） | dìtiě | 4 |
| 地下 | （名） | dìxià | 4 |
| 点 | （动） | diǎn | 4 |
| 电车 | （名） | diànchē | 4 |
| 电灯 | （名） | diàndēng | 8 |

| | | | |
|---|---|---|---|
| 掉 | （动） | diào | 4 |
| 丁 | （名） | dīng | 6 |
| 丁字路口 | | dīngzì lùkǒu | 9 |
| 丢 | （动） | diū | 9 |
| 东面 | （名） | dōngmiàn | 2 |
| 东坡肉 | （名） | dōngpōròu | 5 |
| 动身 | （动） | dòngshēn | 3 |
| 动物 | （名） | dòngwù | 3 |
| 动物园 | （名） | dòngwùyuán | 3 |
| 端 | （动） | duān | 7 |
| 多子多福 | | duōzǐ duōfú | 8 |
| **E** | | | |
| 饿 | （形） | è | 9 |
| 而且 | （连） | érqiě | 1 |
| 二环路 | | èr-huánlù | 9 |
| **F** | | | |
| 饭店 | （名） | fàndiàn | 5 |
| 饭馆儿 | （名） | fànguǎnr | 5 |
| 方向 | （名） | fāngxiàng | 9 |
| 房 | （名） | fáng | 7 |
| 访问 | （动） | fǎngwèn | 3 |
| 放 | （动） | fàng | 2 |
| 飞 | （动） | fēi | 6 |
| 肥 | （形） | féi | 5 |
| 风味 | （名） | fēngwèi | 5 |
| 夫妇 | （名） | fūfù | 7 |
| 福 | （名） | fú | 7 |
| 腹 | （名） | fù | 10 |
| 腹泻 | （动） | fùxiè | 10 |
| 富有 | （动） | fùyǒu | 1 |
| **G** | | | |
| 敢 | （能动） | gǎn | 6 |

| | | | |
|---|---|---|---|
| 感动 | （形） | gǎndòng | 2 |
| 干 | （动） | gàn | 1 |
| 刚才 | （名） | gāngcái | 4 |
| 高尔夫球 | （名） | gāo'ěrfūqiú | 5 |
| 高铁 | （名） | gāotiě | 3 |
| 隔 | （动） | gé | 7 |
| 各 | （代） | gè | 3 |
| 个子 | （名） | gèzi | 8 |
| 宫保鸡丁 | | gōngbǎo jīdīng | 6 |
| 共 | （副） | gòng | 1 |
| 共享 | （动） | gòngxiǎng | 9 |
| 共享单车 | | gòngxiǎng dānchē | 9 |
| 贡献 | （名） | gòngxiàn | 3 |
| 姑姑 | （名） | gūgu | 7 |
| 古迹 | （名） | gǔjì | 3 |
| 挂 | （动） | guà | 7 |
| 拐 | （动） | guǎi | 9 |
| 关于 | （介） | guānyú | 3 |
| 关照 | （动） | guānzhào | 5 |
| 观念 | （名） | guānniàn | 8 |
| 管 | （名、动） | guǎn | 8 |
| 广播 | （动、名） | guǎngbō | 1 |
| 果汁儿 | （名） | guǒzhīr | 6 |
| 过错 | （名） | guòcuò | 4 |
| 过去 | （名） | guòqù | 8 |
| 过 | （助） | guo | 3 |
| **H** | | | |
| 汗 | （名） | hàn | 6 |
| 号码 | （名） | hàomǎ | 2 |
| 盒儿 | （名） | hér | 4 |
| 合影 | （名） | héyǐng | 7 |
| 红绿灯 | （名） | hóng-lǜdēng | 9 |
| 红烧 | （动） | hóngshāo | 5 |
| 红烧猪手 | | hóngshāo zhūshǒu | 5 |
| 后面 | （名） | hòumiàn | 2 |
| 湖 | （名） | hú | 3 |
| 护士 | （名） | hùshi | 10 |
| 花草 | （名） | huācǎo | 10 |
| 花生米 | （名） | huāshēngmǐ | 6 |
| 花园 | （名） | huāyuán | 10 |
| 划 | （动） | huá | 3 |
| 话题 | （名） | huàtí | 8 |
| 环 | （名） | huán | 9 |
| 环路 | （名） | huánlù | 9 |
| 火车 | （名） | huǒchē | 3 |
| **J** | | | |
| 鸡 | （名） | jī | 6 |
| 鸡丁 | （名） | jīdīng | 6 |
| 几乎 | （副） | jīhū | 5 |
| 急 | （形） | jí | 8 |
| 急事 | （名） | jíshì | 8 |
| 急性 | （形） | jíxìng | 10 |
| 急诊室 | （名） | jízhěnshì | 10 |
| 记得 | （动） | jìde | 5 |
| 纪律 | （名） | jìlǜ | 9 |
| 寂寞 | （形） | jìmò | 10 |
| 既……也…… | | jì…yě… | 9 |
| 既……又…… | | jì…yòu… | 5 |
| 家务 | （名） | jiāwù | 8 |
| 假日 | （名） | jiàrì | 3 |
| 间 | （量） | jiān | 7 |
| 检查 | （动） | jiǎnchá | 10 |
| 建 | （动） | jiàn | 5 |
| 建筑 | （动、名） | jiànzhù | 5 |
| 将 | （副） | jiāng | 1 |

| | | | |
|---|---|---|---|
| 讲座 | （名） | jiǎngzuò | 1 |
| 交通 | （名） | jiāotōng | 9 |
| 狡辩 | （动） | jiǎobiàn | 4 |
| 饺子 | （名） | jiǎozi | 1 |
| 接受 | （动） | jiēshòu | 2 |
| 结账 | （动） | jiézhàng | 6 |
| 戒 | （动） | jiè | 4 |
| 舅舅 | （名） | jiùjiu | 7 |
| 舅妈 | （名） | jiùmā | 7 |
| 举行 | （动） | jǔxíng | 2 |
| 决定 | （动） | juédìng | 4 |
| | | **K** | |
| 咖啡 | （名） | kāfēi | 1 |
| 开演 | （动） | kāiyǎn | 6 |
| 看望 | （动） | kànwàng | 9 |
| 烤 | （动） | kǎo | 3 |
| 烤鸭 | （名） | kǎoyā | 3 |
| 科 | （名） | kē | 10 |
| 棵 | （量） | kē | 10 |
| 可……了 | | kě…le | 5 |
| 课本 | （名） | kèběn | 8 |
| 课间 | （名） | kèjiān | 9 |
| 客人 | （名） | kèren | 2 |
| 客厅 | （名） | kètīng | 7 |
| 口袋 | （名） | kǒudai | 9 |
| 哭 | （动） | kū | 8 |
| 苦 | （形） | kǔ | 10 |
| 快递 | （名） | kuàidì | 9 |
| 困 | （形） | kùn | 9 |
| | | **L** | |
| 拉 | （动） | lā | 8 |
| 辣 | （形） | là | 5 |
| 浪漫 | （形） | làngmàn | 1 |
| 姥姥 | （名） | lǎolao | 7 |
| 姥爷 | （名） | lǎoye | 7 |
| 离婚 | （动） | líhūn | 4 |
| 里面 | （名） | lǐmiàn | 2 |
| 利于 | （动） | lìyú | 10 |
| 俩 | （数量） | liǎ | 3 |
| 连忙 | （副） | liánmáng | 2 |
| 连……也/都…… | | lián…yě/dōu… | 6 |
| 良 | （形） | liáng | 10 |
| 良药苦口利于病 | | liángyào kǔkǒu lìyú bìng | 10 |
| 灵 | （形） | líng | 4 |
| 留 | （动） | liú | 3 |
| 留步 | （动） | liúbù | 2 |
| 路口 | （名） | lùkǒu | 9 |
| 路线 | （名） | lùxiàn | 9 |
| 旅游 | （动） | lǚyóu | 3 |
| | | **M** | |
| 麻 | （形） | má | 6 |
| 马 | （名） | mǎ | 3 |
| 马路 | （名） | mǎlù | 9 |
| 马上 | （副） | mǎshàng | 7 |
| 骂 | （动） | mà | 8 |
| 嘛 | （助） | ma | 10 |
| 满 | （形） | mǎn | 6 |
| 满意 | （动） | mǎnyì | 6 |
| 满足 | （动） | mǎnzú | 1 |
| 盲肠 | （名） | mángcháng | 10 |
| 盲肠炎 | （名） | mángchángyán | 10 |
| 矛盾 | （名、动） | máodùn | 8 |
| 冒 | （动） | mào | 1 |
| 美 | （形） | měi | 5 |
| 美食城 | （名） | měishíchéng | 5 |

| | | | |
|---|---|---|---|
| 美食家 | （名） | měishíjiā | 5 |
| 美味佳肴 | | měiwèi jiāyáo | 5 |
| 门诊部 | （名） | ménzhěnbù | 10 |
| 梦 | (动、名) | mèng | 7 |
| 面条儿 | （名） | miàntiáor | 1 |
| 名片 | （名） | míngpiàn | 2 |
| 名儿 | （名） | míngr | 5 |
| 名胜 | （名） | míngshèng | 3 |
| 命 | （名） | mìng | 9 |
| 摸 | （动） | mō | 9 |
| 木 | | mù | 10 |
| **N** | | | |
| 拿手 | （形） | náshǒu | 6 |
| 拿……来说 | | ná…lái shuō | 5 |
| 哪 | （助） | na | 1 |
| 南面 | （名） | nánmiàn | 2 |
| 男人 | （名） | 〈口〉nánren | 8 |
| 内 | | nèi | 10 |
| 内科 | （名） | nèikē | 10 |
| 女人 | （名） | nǚrén | 8 |
| **P** | | | |
| 排球 | （名） | páiqiú | 5 |
| 派 | （动） | pài | 9 |
| 盘 | （量） | pán | 6 |
| 胖 | （形） | pàng | 1 |
| 陪 | （动） | péi | 7 |
| 批评 | （动） | pīpíng | 2 |
| 品尝 | （动） | pǐncháng | 5 |
| 聘请 | （动） | pìnqǐng | 1 |
| 乒乓球 | （名） | pīngpāngqiú | 5 |
| 平等 | （形） | píngděng | 8 |
| 平时 | （名） | píngshí | 9 |
| 铺 | （动） | pū | 7 |

| | | | |
|---|---|---|---|
| 葡萄 | （名） | pútao | 6 |
| 葡萄酒 | （名） | pútaojiǔ | 6 |
| **Q** | | | |
| 沏 | （动） | qī | 7 |
| 妻管严 | | qīguǎnyán | 8 |
| 汽车站 | （名） | qìchēzhàn | 9 |
| 气功 | （名） | qìgōng | 7 |
| 气管 | （名） | qìguǎn | 8 |
| 气管炎 | （名） | qìguǎnyán | 8 |
| 汽水儿 | （名） | qìshuǐr | 6 |
| 千万 | （副） | qiānwàn | 9 |
| 谦虚 | （形） | qiānxū | 1 |
| 前面 | （名） | qiánmiàn | 2 |
| 亲人 | （名） | qīnrén | 10 |
| 青 | （形） | qīng | 6 |
| 青菜 | （名） | qīngcài | 6 |
| 清淡 | （形） | qīngdàn | 5 |
| 轻松 | （形） | qīngsōng | 2 |
| 去世 | （动） | qùshì | 4 |
| 全家福 | （名） | quánjiāfú | 7 |
| **R** | | | |
| 热闹 | （形） | rènao | 7 |
| 人生 | （名） | rénshēng | 3 |
| 日报 | （名） | rìbào | 2 |
| 肉 | （名） | ròu | 5 |
| **S** | | | |
| 伞 | （名） | sǎn | 1 |
| 散 | （动） | sàn | 2 |
| 扫码 | (动) | sǎomǎ | 6 |
| 山山水水 | | shānshānshuǐshuǐ | 3 |
| 上面 | （名） | shàngmiàn | 2 |
| 稍 | （副） | shāo | 6 |

| | | | |
|---|---|---|---|
| 蛇 | （名） | shé | 5 |
| 设计 | （动、名） | shèjì | 5 |
| 婶子 | （名） | shěnzi | 7 |
| 生 | （动） | shēng | 9 |
| 生病 | （动） | shēngbìng | 9 |
| 生气 | （动） | shēngqì | 4 |
| 生鱼片 | （名） | shēngyúpiàn | 6 |
| 诗 | （名） | shī | 1 |
| 诗人 | （名） | shīrén | 1 |
| 食 | | shí | 5 |
| 食品 | （名） | shípǐn | 3 |
| 实现 | （动） | shíxiàn | 3 |
| 实在 | （副、形） | shízài | 2 |
| 十字路口 | | shízì lùkǒu | 9 |
| 手术 | （名） | shǒushù | 10 |
| 输 | （动） | shū | 1 |
| 书法 | （名） | shūfǎ | 1 |
| 书房 | （名） | shūfáng | 7 |
| 叔叔 | （名） | shūshu | 4 |
| 熟 | （形） | shú | 2 |
| 树 | （名） | shù | 10 |
| 树林 | （名） | shùlín | 10 |
| 数学 | （名） | shùxué | 8 |
| 刷卡 | （动） | shuākǎ | 6 |
| 水煮牛肉 | | shuǐzhǔ niúròu | 5 |
| 顺 | （介） | shùn | 9 |
| 说不定 | （副） | shuōbudìng | 4 |
| 丝 | （名） | sī | 6 |
| 四合院儿 | （名） | sìhéyuànr | 7 |
| 四世同堂 | | sì shì tóngtáng | 7 |
| 俗话 | （名） | súhuà | 2 |
| 酸 | （形） | suān | 6 |
| 酸辣汤 | （名） | suānlàtāng | 6 |
| 算是 | （动） | suànshì | 8 |
| 岁数 | （名） | suìshu | 7 |

| | | | |
|---|---|---|---|
| 所有 | （形） | suǒyǒu | 4 |
| **T** | | | |
| 汤 | （名） | tāng | 6 |
| 糖 | （名） | táng | 4 |
| 躺 | （动） | tǎng | 7 |
| 特色 | （名） | tèsè | 1 |
| 体重 | （名） | tǐzhòng | 4 |
| 添 | （动） | tiān | 9 |
| 天使 | （名） | tiānshǐ | 10 |
| 甜 | （形） | tián | 4 |
| 铁路 | （名） | tiělù | 4 |
| 听 | （名） | tīng | 6 |
| 挺 | （副） | tǐng | 1 |
| 偷 | （动、副） | tōu | 4 |
| 偷偷 | （副） | tōutōu | 4 |
| 推 | （动） | tuī | 8 |
| **W** | | | |
| 娃娃菜 | （名） | wáwacài | 6 |
| 外科 | （名） | wàikē | 10 |
| 外面 | （名） | wàimiàn | 2 |
| 碗 | （名） | wǎn | 6 |
| 晚报 | （名） | wǎnbào | 2 |
| 网球 | （名） | wǎngqiú | 5 |
| 为了 | （介） | wèile | 4 |
| 伪劣 | （形） | wěiliè | 4 |
| 胃 | （名） | wèi | 10 |
| 闻名 | （动） | wénmíng | 5 |
| 卧室 | （名） | wòshì | 4 |
| 无轨电车 | | wúguǐ-diànchē | 4 |
| 物理 | （名） | wùlǐ | 8 |
| **X** | | | |
| 稀 | | xī | 2 |
| 吸 | （动） | xī | 4 |

| | | | |
|---|---|---|---|
| 西面 | （名） | xīmiàn | 2 |
| 喜 | （形） | xǐ | 4 |
| 喜糖 | （名） | xǐtáng | 4 |
| 系统 | （形、名） | xìtǒng | 1 |
| 下面 | （名） | xiàmiàn | 2 |
| 鲜 | （形） | xiān | 10 |
| 鲜花 | （名） | xiānhuā | 10 |
| 现代 | （形） | xiàndài | 1 |
| 香 | （形） | xiāng | 6 |
| 相信 | （动） | xiāngxìn | 8 |
| 小吃 | （名） | xiǎochī | 5 |
| 小心 | （动） | xiǎoxīn | 9 |
| 泻 | （动） | xiè | 10 |
| 新闻 | （名） | xīnwén | 1 |
| 信 | （动） | xìn | 8 |
| 行李 | （名） | xíngli | 7 |
| ……性 | | …xìng | 10 |
| 许 | （动） | xǔ | 5 |
| 许多 | （数） | xǔduō | 3 |
| 学问 | （名） | xuéwen | 5 |
| 雪碧 | （名） | xuěbì | 6 |
| | | **Y** | |
| 鸭 | （名） | yā | 3 |
| 烟 | （名） | yān | 4 |
| 沿 | （介） | yán | 3 |
| 严 | （形） | yán | 8 |
| 眼 | （名） | yǎn | 1 |
| 眼睛 | （名） | yǎnjing | 1 |
| 眼前 | （名） | yǎnqián | 1 |
| 邀请 | （动） | yāoqǐng | 2 |
| 要命 | （动） | yàomìng | 9 |
| 要死 | （动） | yàosǐ | 9 |
| 钥匙 | （名） | yàoshi | 9 |
| 一块儿 | （副） | yíkuàir | 5 |
| 姨 | （名） | yí | 7 |
| 姨父 | （名） | yífu | 7 |
| 以为 | （动） | yǐwéi | 4 |
| 一般 | （形） | yìbān | 8 |
| 一回生，两回熟 | | yì huí shēng, liǎng huí shú | 2 |
| 一手儿 | （名） | yìshǒur | 8 |
| 一直 | （副） | yìzhí | 2 |
| 因此 | （连） | yīncǐ | 9 |
| 赢 | （动） | yíng | 1 |
| 赢得 | （动） | yíngdé | 1 |
| 影响 | （动、名） | yǐngxiǎng | 4 |
| 优美 | （形） | yōuměi | 10 |
| 悠久 | （形） | yōujiǔ | 1 |
| 由 | （介） | yóu | 1 |
| 游 | （动） | yóu | 3 |
| 游览 | （动） | yóulǎn | 3 |
| 油腻 | （形） | yóunì | 5 |
| 有的 | （代） | yǒude | 8 |
| 有害 | （形） | yǒuhài | 4 |
| 有名 | （形） | yǒumíng | 3 |
| 右面 | （名） | yòumiàn | 2 |
| 鱼香肉丝 | | yúxiāng ròusī | 6 |
| 羽毛球 | （名） | yǔmáoqiú | 5 |
| 原来 | （副） | yuánlái | |
| 远在天边，近在眼前 | | yuǎn zài tiānbiān, jìn zài yǎnqián | 1 |
| 院 | （名） | yuàn | 1 |
| 院子 | （名） | yuànzi | 7 |
| 愿望 | （名） | yuànwàng | 3 |
| 允许 | （动） | yǔnxǔ | 5 |
| 运动 | （名） | yùndòng | 5 |
| 运动员 | （名） | yùndòngyuán | 9 |

| Z | | | |
|---|---|---|---|
| 在 | （副） | zài | 1 |
| 赞扬 | （动） | zànyáng | 1 |
| 增加 | （动） | zēngjiā | 4 |
| 增长 | （动） | zēngzhǎng | 5 |
| 站 | （动） | zhàn | 7 |
| 站 | （名） | zhàn | 9 |
| 长 | （动） | zhǎng | 1 |
| 账 | （名） | zhàng | 6 |
| 招生 | （动） | zhāoshēng | 1 |
| 珍惜 | （动） | zhēnxī | 2 |
| 争取 | （动） | zhēngqǔ | 2 |
| 正好 | （副、形） | zhènghǎo | 5 |
| 证书 | （名） | zhèngshū | 2 |
| 政府 | （名） | zhèngfǔ | 5 |
| ……之一 | | …zhī yī | 5 |
| 止 | （动） | zhǐ | 10 |
| 治 | （动） | zhì | 6 |
| 治疗 | （动） | zhìliáo | 10 |
| 中 | （名） | zhōng | 2 |
| 种 | （动） | zhòng | 9 |
| 重要 | （形） | zhòngyào | 8 |
| 周围 | （名） | zhōuwéi | 4 |
| 猪 | （名） | zhū | 5 |
| 猪手 | （名） | zhūshǒu | 5 |
| 主讲 | （动） | zhǔjiǎng | 1 |
| 主食 | （名） | zhǔshí | 6 |
| 住院 | （动） | zhùyuàn | 9 |
| 祝贺 | （动） | zhùhè | 7 |
| 抓紧 | （动） | zhuājǐn | 2 |
| 转 | （动） | zhuàn | 4 |
| 子 | | zǐ | 8 |
| 综合 | （动） | zōnghé | 3 |
| 综合课 | （名） | zōnghékè | 3 |
| 足迹 | （名） | zújì | 3 |
| 遵守 | （动） | zūnshǒu | 9 |
| 左面 | （名） | zuǒmiàn | 2 |
| 做客 | （动） | zuòkè | 2 |
| 做梦 | （动） | zuòmèng | 7 |
| 做主 | （动） | zuòzhǔ | 8 |

## 专名　Proper nouns

| A | | |
|---|---|---|
| 埃及 | Āijí | 3 |
| 澳大利亚 | Àodàlìyà | 3 |
| **B** | | |
| 北京晚报 | Běijīng Wǎnbào | 2 |
| **C** | | |
| 长城 | Chángchéng | 3 |
| 陈文山 | Chén Wénshān | 1 |
| 川 | Chuān | 5 |
| **D** | | |
| 大洋洲 | Dàyángzhōu | 3 |
| **F** | | |
| 非洲 | Fēizhōu | 3 |
| 复兴门 | Fùxīng Mén | 9 |
| **G** | | |
| 高敏 | Gāo Mǐn | 9 |

| | | |
|---|---|---|
| 高英 | Gāo Yīng | 1 |
| 故宫 | Gùgōng | 3 |
| 广东 | Guǎngdōng | 5 |
| 桂林 | Guìlín | 3 |
| | **H** | |
| 汉语水平考试 | Hànyǔ Shuǐpíng Kǎoshì | 2 |
| 和平门 | Hépíng Mén | 9 |
| | **J** | |
| 加拿大 | Jiānádà | 3 |
| | **K** | |
| 昆明湖 | Kūnmíng Hú | 3 |
| | **L** | |
| 立春 | Lìchūn | 7 |
| 立秋 | Lìqiū | 7 |
| 刘江 | Liú Jiāng | 9 |
| 鲁 | Lǔ | 5 |
| | **M** | |
| 马可·波罗 | Mǎkě Bōluó | 3 |
| 美洲 | Měizhōu | 3 |
| | **O** | |
| 欧洲 | Ōuzhōu | 5 |
| | **R** | |
| 人民日报 | Rénmín Rìbào | 2 |
| | **S** | |
| 山东 | Shāndōng | 5 |
| 世界公园 | Shìjiè Gōngyuán | 3 |
| 水上公园 | Shuǐshàng Gōngyuán | 3 |
| 四川 | Sìchuān | 5 |
| | **X** | |
| 西湖 | Xī Hú | 3 |
| 西直门 | Xīzhí Mén | 9 |
| 新疆 | Xīnjiāng | 3 |
| | **Y** | |
| 亚洲 | Yàzhōu | 3 |
| 杨静 | Yáng Jìng | 7 |

# Key to exercises and homework
# 课堂练习和家庭作业参考答案

## 第一课

三、课堂练习

（二）词语

从本课生词表中选择合适的词语填空

（1）中国文化有悠久的历史，而且富有特色。

（2）我到白老师家的时候，她在听广播/新闻呢。

（3）方教授主讲现代汉语语法，我们很喜欢听他的课。

（4）今天下午的文化讲座由张教授主讲。

（5）王教授将系统地介绍学习汉语的方法。

（6）白老师讲语法很有系统/特色。

（7）谦虚使人进步。

（8）方云天是一个很谦虚的人。

（9）我想参加歌曲学习班，你知道报名的时间和地点吗？

（10）你们有什么要求，我一定满足。

（11）我好几天没看见方龙了，原来他去上海了。

（12）这首诗是哪位诗人写的？

（13）外边下雨了，带上伞吧！

（14）你喜欢吃饺子还是面条儿？

（15）彼得喜欢打太极拳，而且打得很好。

（16）山本表演的汉语节目很有特色，赢得了大家的赞扬。

（17）昨天的篮球比赛我们班赢了，可是足球比赛输了。

（18）饺子不但好吃，而且便宜。

# 第二课

## 三、课堂练习

### （二）词语

1. 从本课生词表中选择合适的词语填空

（1）昨天我们家来了很多客人。

（2）星期天我们去方老师家做客。

（3）外面很热，可是屋子里面非常凉快。

（4）我误会了你的意思，实在不好意思。

（5）我的电话号码是62027744。

（6）你批评得对，我完全接受你的批评。

（7）这是小高做的好事，应该表扬他。

（8）非常抱歉，我今天又来晚了。

（9）王才邀请你参加今天的晚会。

（10）你取得汉语水平考试三级的证书了吗？

（11）是我错了，我向你道歉。

（12）我们要珍惜时间，不浪费一分一秒。

（13）这次比赛我一定争取好成绩。

（14）他给了我一张名片，上面有他家的住址。

（15）俗话说：一日三笑，不用吃药。

（16）晚上去看电影，现在应该抓紧时间做作业。

（17）大家这么关心我，我心里非常感动。

（18）下面，请山本发言。

2. 用指定的词语改写句子

（1）他说完就匆匆忙忙地走了。

（2）昨天匆匆忙忙的，我忘了告诉你。

（3）听见有人敲门，王欢连忙站起来去开门。

（4）他知道自己说错了，连忙说："对不起，对不起！"

（5）我来中国以后一直没给他写信。

（6）这雨一直下了三天了。

（7）老师表扬大内上子学习很努力。

（8）老师批评彼得学习不认真。

四、家庭作业

（一）词语

2. 写出反义词

| | |
|---|---|
| 紧张——轻松 | 表扬——批评 |
| 外面——里面 | 上面——下面 |
| 前面——后面 | 左面——右面 |
| 南面——北面 | 西面——东面 |
| 北方——南方 | 东边——西边 |
| 赢——输 | 短期——长期 |
| 借——还 | 丈夫——妻子 |
| 中餐——西餐 | 白天——夜间 |
| 晴天——阴天 | 早上——晚上 |

（二）阅读

1. 选择正确答案

（1）D　（2）C

## 第三课

三、课堂练习

（二）词语

从本课生词表中选择合适的词语填空

（1）北京有悠久的历史，名胜古迹很多。

（2）我要是有许多钱，就去全世界旅游。

（3）你游览过长城吗？

（4）我们学校有不少有名的教授。

（5）小丁曾经去过意大利。

（6）学习结束以后，我要去西安参观兵马俑。

（7）昨天我看见小李和女朋友在昆明湖划船。

(8) 我的房间都找遍了，也没找到我的词典。

(9) 孩子们最喜欢去动物园看大熊猫了。

(10) 请你再念一遍。

(11) 贝拉明天坐火车/高铁去天津。

(12) 中国的许多名胜古迹都留下过马可·波罗的足迹。

(13) 贝拉来中国旅游的愿望实现了。

四、家庭作业

(二) 句型

用“了”或“过”填空

| | | | |
|---|---|---|---|
| (1) 过、过 | (2) 过/了 | (3) 过 | (4) 过 |
| (5) 了 | (6) 了、了 | (7) 过 | (8) 了 |
| (9) 过 | (10) 过、过 | (11) 了/过 | (12) 了、了 |

## 第四课

三、课堂练习

(二) 词语

从本课生词表中选择合适的词语填空

(1) 金汉成的奶奶是前年去世的。

(2) 学校周围有很多商店。

(3) 请问，周围有厕所吗？

(4) 那个小孩子的爸爸妈妈不在家，他偷着抽烟。

(5) 有人偷吃了贝拉的面包，她很生气。

(6) 别说了，外面有人偷听。

(7) 丁兰，什么时候吃你的喜糖？

(8) 别抽烟了，戒了吧。

(9) 这个房间是王欢和他爱人的卧室。

(10) 最近他身体一直不好，可是没有影响学习。

(11) 考试前她感冒了，没复习好，影响了这次考试的成绩。

(12) 都十二点了，别看电视了，不要影响别人休息。

(13) 父亲母亲的习惯对孩子有很大影响。

(14) 抽烟对健康有不好的影响。

(15) 我不喜欢吃甜的食品。

(16) 他坐在沙发上抽烟呢。

(17) 我最近吃了太多甜食，体重增加了三公斤。

(18) 王欢受骗了，他买了伪劣产品。

四、家庭作业

(一) 词语

2. 用指定的词语改写句子

(1) 大家都以为贝拉明天才回来，没想到她昨天就回来了。

(2) 我以为她不喜欢这个电影，没想到她看过三遍。

(3) 艾米感冒了，我以为她不去长城了。

(4) 我还没决定什么时候回国。

(5) 我已经决定了，下星期去西安旅行。

(6) 我向他们保证三天翻译完这本书。

(7) 我保证以后每天来上课。

(8) 这是我本人的决定。

(9) 本人姓李，叫李明。

(10) 这是他本人告诉我的。

(二) 阅读

1. 选择正确答案

(1) D　(2) C　(3) A

## 第五课

三、课堂练习

(二) 词语

1. 从本课生词表中选择合适的词语填空

(1) 我们学校附近有不少饭馆儿。

(2) 我刚到这里，请您多多关照。

(3) 这些小吃，我们都应该品尝一下。

(4) 你来得正好，我正要去找你。

(5) 我跟你们一块儿去，行吗？

(6) 张教授很有学问，他写了好几本书。

(7) 你不是喜欢吃清淡的菜吗？这是广东菜，比较清淡。

(8) 大内上子会做中国菜，她做的菜可好吃了。

(9) 政府非常关心教师的生活，今年为教师建了很多新的宿舍楼。

(10) 这个建筑很有特色，是谁设计的？

(11) 我不太喜欢四川菜，四川菜太辣/油腻了。

(12) 这是一家山东风味的饭馆儿，咱们进去品尝品尝怎么样？

(13) 长城是世界闻名的伟大（wěidà）建筑。

(14) 北京的名胜古迹我几乎/差不多去遍了。

(15) 跟有学问的人在一起，可以增长知识。

## 四、家庭作业

（二）连线

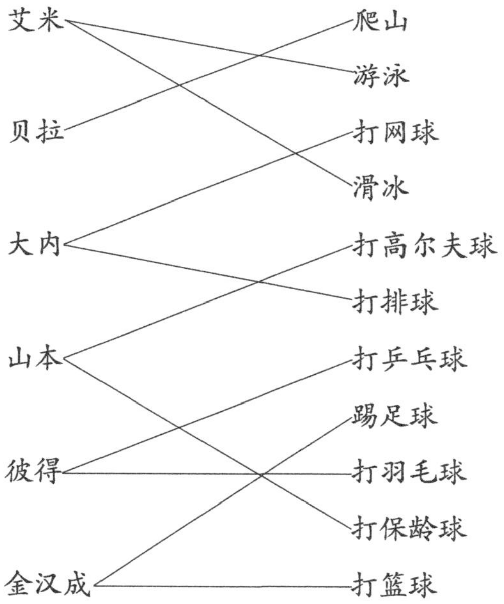

（四）成段表达

贝拉是班里的美食家。她常对朋友说，意大利菜在欧洲非常有名，欧洲的每个大城市都有意大利饭馆儿。有人只觉得意大利菜好吃，可是他不知道意大利菜里还有文化，有学问。就拿菜名儿来说，学问可大了！

贝拉去过很多欧洲国家旅游，也去过不少饭店吃过饭。什么法国菜、英国菜，还有当地小吃，她都吃过。不过，比较起来，她还是更喜欢清淡一些的法国菜。

今天，贝拉听说学校附近新开了一家意大利风味的餐厅，她想请山本正一块儿去这家餐厅品尝品尝。

## 第六课

三、课堂练习

（二）词语

从本课生词表中选择合适的词语填空

（1）你喝白酒还是葡萄酒？

（2）我不能喝酒，来一听雪碧吧。

（3）今天真热，我头上出了很多汗。

（4）我不认识菜单上的汉字。

（5）今天的菜很好吃，大家吃得很满意。

（6）同学们对这儿的学习条件很满意。

（7）请你在这儿稍等一会儿。

（8）这种药可以治头疼。

（9）服务员，我们吃完了，请结账。

（10）今天的考试并不难。

（11）我从来没听说过这件事。

（12）晚上我一个人不敢出去。

（13）中国人的习惯是吃饭以后喝汤。

（14）“电影几点开演？”“7点开演。”

四、家庭作业

（二）阅读

1. 选择正确答案

（1）C　（2）B　（3）A　（4）A　（5）D

## 第七课

三、课堂练习

（一）词语

从本课生词表中选择合适的词语填空

（1）你父亲多大岁数了？

（2）服务员端来一碗汤。

（3）他买了一套漂亮的茶几。

（4）他买了一块儿漂亮的红地毯。

（5）婶子就是叔叔的爱人。

（6）姑姑是爸爸的姐姐或者妹妹。

（7）赵林每天晚上在书房里写文章。

（8）杨静在厨房做饭呢。

（9）赵林的妻子给彼得沏了一杯乌龙茶。

（10）赵林家不住楼房，住的是四合院儿。

（11）这条大街非常热闹，有很多商店。

（12）我天天夜里做梦，睡得不好。

（13）赵林的父亲每天早上在院子里练气功，他的身体很好。

（14）客厅的地上铺着新地毯。

四、家庭作业

（二）句型

把下列词语连成句子

（1）艾米在公园里坐着画画儿呢。

(2) 立春在床上躺着看电视呢。

(3) 立秋在阅览室里坐着看画报呢。

(4) 他们在学校门口站着谈话呢。

(5) 赵林的姑姑在医院里等着看病呢。

(6) 讲台上放着一本词典。

(7) 桌子上放着一个手机。

(8) 地上放着他们的行李。

(9) 门上贴着一个红色的“福”字。

(10) 墙上挂着全家的合影。

## 第八课

### 三、课堂练习

（二）词语

从本课生词表中选择合适的词语填空

(1) 这个话题很有意思，同学们有很多话要说。

(2) 在你们国家男女平等吗？

(3) 我相信/信他的话，他说的是真的。

(4) 你们家的事儿谁做主？

(5) 有的事儿男人能做，女人也能做。

(6) 快考试了，我们每天都忙得不得了。

(7) 下班以后，丈夫和妻子一起忙家务。

(8) 那个孩子个子真高，有一米八。

(9) 星期天我们有的时候去公园玩儿，有的时候去看电影。

(10) 她把那个病人推进了病房。

(11) 你说的事情很重要，我们得了解了解。

(12) 老李有气管炎，每年冬天咳嗽得很厉害。

(13) 在中国，很多爸爸妈妈管孩子管得很严。

(14) 新年的时候孩子们喜欢玩儿灯笼。

(15) 说话的时候不能前后矛盾。

(16) 我跟他有矛盾，关系不太好。

(17) 多子多福是旧的观念，应该改变。

(18) 改变一种观念是很不容易的。

(19) 那个人爱吹牛，他说他三岁就会画画儿。

(20) A：那张桌子呢？

B：我把它搬到楼上去了。

(三) 句型

2. 把下列句子改成"把"字句，并体会两个句子有什么不同

(1) 我把沙发搬到窗户旁边去了。

(2) 他把那块牌子挂到门上边去了。

(3) 你把蛋糕拿到厨房去了吗？

(4) 你把电灯挂到门外边了吗？

(5) 我把物理课本、数学课本和地理课本都放到书架上去了。

(6) 你把他带到我的办公室去吧。

(7) 你把客人们送回宾馆去吧。

(8) 我把贝拉送到了火车站。

(9) 我们把艾米送到了飞机场。

(10) 我们把那个病人送到了附近的医院。

## 第九课

三、课堂练习

(二) 词语

从本课生词表中选择合适的词语填空

(1) 赵林每个星期天都去看望他奶奶。

(2) 你在汽车站等我。

(3) 彼得平时起得很早，只有星期天才起得比较晚。

(4) 这些钱放在家里不安全，把它存到银行去吧。

(5) 院子里种了很多花儿。

(6) 后天有考试，千万别忘了告诉山本。

(7) 路上人多，车多，骑自行车千万要小心。

(8) 小李病得很厉害，他住院了。

(9) 你的钥匙没丢，在我衣服口袋里呢。

(10) 课间休息的时候，你不在教室，去哪儿了？

(11) 你太粗心了，今天又丢了钥匙。

(12) 学校派方老师去美国教汉语。

(13) 实在不好意思，给您添麻烦了。

(14) 请代我问候你的父亲、母亲。

(15) 这几天冷得要命/要死，不少人得了感冒。

(16) 沿着这条路一直走，到十字路口向右拐。

(17) 从宿舍到教学楼走大约五分钟就到了。

(18) 从宿舍到教学楼大约走五分钟就到了。

(19) 顺着15路车的路线骑，就能到友谊医院。

(20) 小孩子过马路要注意交通安全。

(21) 你的方向错了，应该往南走，不是往北走。

(三) 句型

2. 把下列句子改成“把”字句，并体会两个句子有什么不同

(1) 我把那些钱存在银行里了。

(2) 我把毛衣挂在衣柜里了。

(3) 他把那幅山水画儿挂在书房里了。

(4) 她把那些照片存在电脑里了。

(5) 我把你的机票放在抽屉里了。

(6) 小于把那块儿丝绸送给丁兰了。

(7) 山本把那些花儿送给李大夫了。

(8) 你把那瓶果汁儿放在哪儿了？

(9) 你把我的西服放在哪儿了？

（10）你把昨天的作业交给谁了？

四、家庭作业

（二）阅读

1. 判别正误

（1）✓　（2）×　（3）×　（4）×　（5）✓

2. 选择正确答案

（1）B　（2）D

## 第十课

三、课堂练习

（二）词语

从本课生词表中选择合适的词语填空

（1）赵大海的妻子是友谊医院的护士。

（2）我的病已经好了，明天出院。

（3）经过检查，大夫说他得了肠胃炎/盲肠炎。

（4）我们每年检查一次身体。

（5）那个姑娘真像一个美丽的天使。

（6）客人们向主人表示感谢。

（7）张老师向你表示问候。

（8）晚饭以后方龙坐在沙发上一边喝茶一边看报纸。

（9）大夫，我挂一个号，挂内科/外科。

（10）现在是中午，门诊休息了，你得去急诊室看病。

（11）楼后边有一片小树林。

（12）那棵树长得真高。

（13）我没吃过中药，听说很苦。

（14）你的腹泻止住了吗？肚子还疼不疼？

（15）你病得很厉害，必须马上住院。

（16）别人都去旅游了，你一个人在家里寂寞吗？

（17）他昨天吃的东西不干净，得了急性肠胃炎。

（18）这是我和大内送给你的鲜花，祝你早日恢复健康。

（19）两个木字念“林”，意思是很多树长在一起。

# Index of grammar (Volume 2—Volume 4)
# 语法索引（第2册—第4册）



| | | | | |
|---|---|---|---|---|
| B | “把”字句（1）<br>“把”字句（2） | 4-8<br>4-9 | 百以内称数法 | 2-2 |
| C | 程度补语（1）<br>程度补语（2） | 3-3<br>4-9 | 存在句（1）<br>存在句（2） | 2-8<br>4-7 |
| D | “的”字结构<br>动词重叠（1）<br>动词重叠（2）<br>动量补语（1）<br>动量补语（2）<br>动态助词“过”<br>动态助词“了$_1$”（1）<br>动态助词“了$_1$”（2）<br>动态助词“了$_2$”（1） | 2-7<br>2-9<br>4-4<br>2-7<br>4-3<br>4-3<br>3-6<br>4-4<br>3-3 | 动态助词“了$_2$”（2）<br>动态助词“了$_2$”（3）<br>动态助词“着”（1）<br>动态助词“着”（2）<br>动作行为的进行（1）<br>动作行为的进行（2）<br>短语的类型<br>多项定语的排列顺序 | 3-4<br>4-3<br>4-2<br>4-7<br>4-1<br>4-2<br>2-10<br>3-10 |
| F | 方位表达法 | 2-8 | | |
| J | 结构助词“的”<br>结构助词“得”<br>结构助词“地”<br>结果补语（1） | 2-4<br>2-6<br>4-1<br>3-4 | 结果补语（2）<br>结果补语（3）<br>句子成分<br>句子的语用类型 | 4-1<br>4-2<br>2-5<br>3-5 |
| L | 领有句 | 2-2 | | |
| M | 名词谓语句 | 3-1 | | |
| Q | 钱数表达法<br>趋向补语（1）<br>趋向补语（2） | 3-3<br>3-6<br>3-7 | 趋向补语（3）<br>趋向补语（4） | 3-8<br>3-9 |
| R | 日期表达法 | 3-2 | | |
| S | 时量补语（1）<br>时量补语（2）<br>“是”字句<br>“是……的”句（1） | 3-8<br>4-6<br>2-1<br>4-4 | “是……的”句（2）<br>是非疑问句（1）<br>是非疑问句（2） | 4-6<br>2-1<br>3-2 |
| T | 特指疑问句 | 2-2 | | |
| X | 形容词重叠<br>形容词谓语句 | 4-4<br>2-3 | 选择疑问句 | 2-4 |

| | | | | |
|---|---|---|---|---|
| Y | 一百以上的称数法<br>意义上的被动句<br>隐现句 | 3-2<br>2-6<br>3-7 | 用“呢”的省略疑问句<br>语气助词“了” | 3-1<br>2-8 |
| Z | “……着……着”<br>正反疑问句（1）<br>正反疑问句（2）<br>钟点表达法<br>主谓谓语句（1） | 4-8<br>2-3<br>2-9<br>3-1<br>3-2 | 主谓谓语句（2）<br>主谓谓语句（3）<br>主语的成分<br>状态补语（1）<br>状语的成分 | 3-8<br>3-9<br>4-10<br>2-6<br>4-5 |